Lernkrimi Spanisch

Secuestro en La Habana

Mario Martín
María Montes Vicente

compact

Weitere Informationen zu Compact Lernkrimis finden Sie am Ende des Buches und unter www.lernkrimi.de.

Baierbrunner Str. 27, 81379 München
Ausgabe 2016

Redaktion: Janine Kaitzl
Fachkorrektur: Pablo Pino
Produktion: Ute Hausleiter
Titelillustration: Karl Knospe
Lernkrimi-Logo: Carsten Abelbeck
Umschlaggestaltung: EKH Werbeagentur GbR, textum GmbH
Typografischer Entwurf: EKH Werbeagentur, Hartmut Baier

ISBN 978-3-8174-1647-9
381741647/1

www.compactverlag.de, www.lernkrimi.de, www.facebook.com/lernkrimi

Vorwort

Liebe Leserin, lieber Leser,

sicher zum Lernerfolg – mit Spaß und Spannung! Die Compact Lernkrimis mit ihrer Kombination aus Lektüre und didaktischem Übungsanteil eignen sich hervorragend, um breite Sprachkompetenzen in der Fremdsprache zu erwerben. Der Lerner wird dabei durch die spannende Handlung, das angemessene Sprachniveau und den stetig ansteigenden Schwierigkeitsgrad der Übungen gefördert und motiviert.
Entwickelt nach neuesten Erkenntnissen der Fremdsprachendidaktik, sind Compact Lernkrimis das ideale Medium für einen Lernerfolg im Selbststudium. Durch die kleinen Texteinheiten und den hohen Übungsanteil sind sie aber auch als Unterrichtslektüre bestens geeignet.

So lernen Sie mit Compact Lernkrimis:

- **Mit Begeisterung lernen:** Die packende Krimihandlung motiviert Sie beim Lesen des spanischen Originaltextes.
- **Wissen intensivieren und erweitern:** Durch die Kombination aus didaktisch aufbereiteter Lektüre und textbezogenen Übungen testen und trainieren Sie Ihre Sprachkenntnisse effektiv. Vokabelangaben auf jeder Seite unterstützen Sie beim Lesen.
- **Systematisch lernen:** Knüpfen Sie an Ihr individuelles Sprachniveau an und setzen Sie eigene Lernziele – linear im Schwierigkeitsgrad ansteigend oder mit punktuellen Schwerpunkten von Grundwortschatz bis Hörverstehen.
- **Unabhängig sein:** Lernen Sie ganz individuell – wo und wann Sie wollen.

Viel Spaß beim **Erlernen der spanischen Sprache**
wünscht Ihnen

Prof. Dr. Christiane Neveling
Didaktik der romanischen Sprachen, Universität Leipzig

Inhalt

Secuestro en La Habana

Mario Martín

1 ¿Víctima o sospechoso?

Un sol **radiante** brilla sobre La Habana. Ni una sola nube en un cielo completamente azul. Son las diez de la mañana, y desde el balcón del **vigésimo** piso del Hotel Guajira se divisa el magnífico panorama de la bahía, con el Malecón a la izquierda, el Morro al fondo[i] y, en primer plano, la **abigarrada** mezcla de edificios antiguos y modernos de la ciudad. Pero estas vistas importan poco a Fernando Larraz y Maribel López, quienes no están pasando precisamente por el mejor momento de su matrimonio.

> Der **Malecón** ist Cubas altehrwürde Uferpromenade von 8 km Länge. Seine Mauer wurde 1901 von den Amerikanern erbaut, kurz nachdem die Spanier Kuba als Überseekolonie verloren hatten. Das 1585 erbaute **Castillo del Moro** diente zur Kolonialzeit dazu, Cuba vor Piraten oder der englischen Flotte zu schützen.

—Mira, mi *amol*[i], yo te pido que te lo pienses un poco antes de dar ese paso —dice Fernando, un hombre de treinta y cinco años, alto y delgado, de origen **mestizo**, mientras sigue a su esposa por la gran habitación del hotel.

> Auf Cuba ist es üblich, das „r" am Ende wie „l" auszusprechen. **Amor** klingt also wie ***amol**.

—No hay nada que pensar, Fernando, la decisión está tomada hace mucho tiempo.

—Oye, mi vida, yo sé que no he sido perfecto, pero yo quiero intentarlo de nuevo, piensa en nuestra hija. Aquí no nos va a faltar de nada, vamos a vivir mejor que en Madrid. Ya le he echado el ojo a una mansión en El Vedado con todos los lujos.

—Ni yo ni Azucena necesitamos lujos.

—Escucha, mi cielo, no son lujos, sino comodidades. Mi esposa no va a andar tomando la **guagua**, tendrá un chófer particular que la lleve donde quiera.

—Mira, Fernando, guárdate tu chófer. Hemos venido aquí para que Azucena vea a sus abuelos antes de separarnos. Espero que antes de que nos vayamos hayas firmado los papeles del divorcio. Te los dejo aquí, en tu mesa de trabajo.

radiante	strahlend
vigésimo	zwanzigste/-r/-s
abigarrado	bunt gescheckt
mestizo	mischrassig
guagua *f Cuba*	Bus
exasperado	wütend, aufgebracht

—Oye, Maribel, pero podrías acompañarnos a casa de mis padres, ¿no te apetece?

—¿Para tener que aguantar la mirada de odio de tu madre? No, gracias —responde Maribel—. Pasadlo bien pero no volváis muy tarde, que Azucena tiene que descansar antes del viaje. Y no olvides su medicina.

—Por Dios, Maribel, ¿cómo me la iba a olvidar? —pregunta Fernando, **exasperado**.

Ejercicio 1: Sustantivos. Schreiben Sie die Gegenteile!

1. amor ______________________
2. matrimonio ______________________
3. riqueza ______________________
4. oscuridad ______________________
5. fealdad ______________________

Una vez en la calle, Fernando se tranquiliza. Después de diez años viviendo en España, le encanta respirar el aire cálido, con olor a mar, de su ciudad natal.

—Papi, ¿es verdad que no vas a venir con nosotras a España?

A Fernando se le encoge el corazón ante la pregunta de su hija.

> Für eine leichtere, flüssigere Aussprache verschmilzt **mi** mit **hijita.**

—Ay, mijita (i), papá tiene su trabajo aquí. Pero nos veremos muy pronto, te lo prometo —asegura, mientras acaricia su cabeza—. Oye, ¿adivinas qué vamos a comer con la abuela?

—¡Cocido de garbanzos! —responde la niña.

–No... —ríe Fernando—. No estamos en Madrid. Mucho mejor: arroz criollo con ropa vieja (i) y, de postre, dulce de leche.

> Bei diesem kubanischen Gericht handelt es sich um weißen und schwarzen Reis mit zerrupften Rindfleischstreifen, die mit zerschlissener Kleidung, **ropa vieja**, assoziiert werden.

—¡Bieeen! —exclama Azucena muy contenta.

Fernando y su hija caminan por la Calle de San Lázaro, ya muy animada a esa hora. Al llegar al Parque de Los Mártires Universitarios, ven que hay una banda de músicos tocando un bolero. Lo hacen muy bien, y cada vez se congrega más público para escucharlos.

—Vamos a escuchar a estos músicos, ¿vale? En Madrid no vas a tener nada parecido —le explica Fernando a su hija. En ese momento suena su móvil.

Ejercicio 2: ¿Ser, estar o haber? Lesen Sie weiter und füllen Sie die Lücken mit den richtigen Verbformen!

–Buenos días, 1. ¿ ______ usted el gerente del Hotel Guajira?

—Sí, 2. ____________ hablando con Fernando Larraz, ¿qué desea?

—Mire, 3. ____________ Celia Rovirosa, la guía de un grupo de turistas canadienses, y nosotros 4. ____________ bastante indignados con las condiciones de higiene. En las habitaciones 5. ____________ cucarachas...

—¿Pero qué me dice? ¿ 6. ____________ usted segura? 7. ____________ absolutamente imposible.

En ese momento, Fernando Larraz mira a su lado y no ve a su hija. Gira la cabeza en todas las direcciones y sigue sin verla. Cuelga el teléfono y busca entre el grupo de espectadores que sigue escuchando a los músicos. Nada. Decide salir a correr al otro extremo del parque, mirar a la vuelta de las esquinas más cercanas. Nada. Regresa al parque y, abriéndose paso entre la gente, llega hasta los músicos en medio de su bolero.

—¿Vieron a mi hija? Una niña morena, de siete años, con **coleta**, con un vestidito blando…

—Oye, **compay**, no **fastidies**, nos has estropeado el concierto, si no sabes cuidar de tu hija es culpa tuya —le dice con gesto colérico el músico encargado de la conga.

garbanzo *m*	Kichererbse
dulce *m* **de leche** *Lat*	Milchkaramell-aufstrich
congregarse	sich versammeln
coleta *f*	Zopf, Pferdeschwanz
⚡ **compay** *m* *Cuba*	Freund, Kumpel
fastidiar	stören

Dos horas después, Fernando Larraz espera a la sombra de una **ceiba** en el Parque de la Fraternidad. Hay un banco a sus espaldas pero es incapaz de sentarse. Anda de un lado para otro, intentando disimular su nerviosismo. Por fin, ve acercarse a un hombre de color, alto, con camisa y pantalón blancos y un sombrero de **paja**. Es el detective Leonardo Correa, que acude unos minutos tarde a la cita. Viene fumando un **puro**, con mucha calma.

—¿Qué hubo, mi viejo? ¡No me puedo creer que te vea aquí! —le dice con alegría.

—Leonardo, qué bien que viniste —contesta Fernando, dándole un abrazo y **palmeándole** la espalda—. Sólo tú puedes ayudarme.

—Compay, se hará lo que se pueda. Podías haber avisado antes que estabas en La Habana, después de diez años…

—Sí, lo pensé, pero tú sabes… No quería comprometerte.

—Claro, claro —dice el detective Correa con gesto serio—. Eso ya está casi olvidado. Ese blog tuyo hizo mucho daño. Había gente que **te tenía ganas**, pero ya **las aguas volvieron a su cauce**. Te salvó que te hubieras ido a España, pues si llegas a elegir Miami, tú no vuelves a poner el pie aquí, compadre.

—Lo sé, y por eso no confío en la **PNR**. Tú eres diferente.

—Yo era diferente. Ya me castigaron y degradaron bastante por ello. Pasé cuatro años como guardia de tráfico, tocando el silbato. Hace un año volví a la sección criminal, pero no es como antes —añade Leonardo, desalentado.

—Por eso. Quiero que me ayudes, compay.

ceiba *f*	Kapokbaum
paja *f*	Stroh
puro *m*	Zigarre
palmear	klopfen, tätscheln
ϟ **tener ganas a alguien**	jmd. eine drauf geben wollen
volver las aguas a su cauce	eine Sache ins Lot bringen
PNR *f* **(Policía Nacional Revolucionaria)**	Polizei Kubas

—¿Y quién sospechas que te pudiera hacer algo así?

—Tú mismo dijiste que había gente que me tenía ganas. Una venganza política...

Leonardo Correa se queda pensativo.

—Yo no lo creo, pero quédate tú tranquilo mientras yo hago las **indagaciones pertinentes**. Oye, ¿cómo se lo tomó tu esposa?

–No lo sabe aún —responde Fernando un poco avergonzado—. Maribel y yo no estamos bien. Ella me ha pedido el divorcio.

—¿Y eso? ¿Qué le pasó a tu vieja?

—Nada, un **lío de faldas** en Madrid. Se enteró y no me lo perdona...

—¡**Pal carajo**, tú no cambiarás nunca! —dice Leonardo, riendo—. El mismo Don Juan de siempre. Me acuerdo de cuando ibas con la guitarra dándole **serenatas** a aquella negrita.

—Era una **bandurria**.

—Lo que sea. Oye, yo voy a intentar ayudarte, pero sólo te pido que si los secuestradores contactan contigo, me **tengas al corriente** y no tomes ninguna decisión sin consultarme, ¿ok? Y yo, si fuera tú, se lo diría ya mismo a Maribel.

—Eso va a ser duro. Además, mañana iban a volverse a Madrid, aunque yo le aseguré a ella que aquí tendrían de todo.

—¿Cómo dices, compay? ¿Mañana? Oye, hiciste bien en no ir a la PNR. Te habrían detenido por sospechoso. ¿Te das cuenta? Tu mujer se iba a llevar a tu hija, y el día antes desaparece. ¿Mucha casualidad, no?

—Lo sé, lo sé. Todo juega en mi contra. Pero soy yo el que va a volverse loco si tú no me crees.

—Lo siento, compay. Esto va a ser complicado. Yo te creo, pero no dejas de ser un sospechoso. Lo primero, yo llamaría a tu señora.

indagación *f*	Nachforschung
pertinente	sachbezogen
ϟ **lío** *m* **de faldas**	Affäre
ϟ **¡Pal carajo!**	Verdammt nochmal!
serenata *f*	Serenade, Nachtmusik
bandurria *f*	Zupfinstrument
tener al corriente	auf dem Laufenden halten

Ejercicio 3: Sopa de letras. Finden Sie sieben Musikinstrumente!

A	B	E	F	I	J	E	P	T
C	A	M	L	E	O	I	U	R
O	N	D	A	M	I	N	Ñ	O
N	D	P	U	T	E	M	E	M
G	U	I	T	A	R	R	A	P
A	R	A	A	M	S	A	T	E
M	R	N	H	B	V	L	E	T
E	I	O	E	O	Z	A	X	A
X	A	I	Z	R	B	I	O	R

Fernando sabe que va a ser uno de los **tragos** más **amargos** de su vida y así es.

—Mi *amol*, no vas a creer lo que ha pasado...

—Pues, dime qué hay y no **te andes con rodeos**, por favor.

—Yo...

—¿Tú qué? Me estás asustando, Fernando.

—Yo... lo siento muchísimo... pero nuestra hija ha desaparecido.

—¿Cómo dices? ¿Cómo que ha desaparecido? —le pregunta cada vez más nerviosa su esposa.

—Creo que la han secuestrado. Ya he contratado un detective, yo lo siento, no sé cómo pudo pasar.

—¡¡¡Nooo!!! ¿Has dejado que se lleven a mi hija? ¡Te odio, maldito imbécil! ¡Devuélvemela y piérdete para siempre! —le grita, mientras Fernando rompe a llorar.

trago *m* amargo bittere Pille

ϟ andarse con rodeos herumdrucksen

Ejercicio 4: ¿Verdadero o falso? Welche Sätze sind richtig? Kreuzen Sie an!

1. El Malecón fue construido por los españoles. ❐
2. A Azucena no le gusta la comida cubana. ❐
3. Fernando Larraz dirigía un blog de propaganda a favor de Fidel Castro. ❐
4. Fernando Larraz le fue infiel a Maribel López. ❐
5. El detective Correa tuvo problemas en su trabajo. ❐

2 En los bajos fondos

"Madre mía, qué lugar más oscuro. Podrían subir las persianas y airear esto de vez en cuando", piensa Leonardo Correa al entrar en la sección política de la Comisaría Central de la Policía Nacional Revolucionaria. En una amplia sala, con muebles viejos e incluso rotos y con antiguos carteles revolucionarios, hay varios empleados, de rostro aburrido, clasificando **expedientes** y rellenando formularios a máquina. Sólo hay dos ordenadores en toda la sala.

—Buenos días, ¿está el capitán Ulpiano Valladares?

—Al fondo a la derecha —contesta una mulata, sin levantar la mirada de la máquina de escribir.

—Adelante —responde una voz **ronca** cuando el detective Correa llama a la puerta.

—Buenas tardes —saluda Leonardo Correa.

—**¡Dichosos los ojos!** ¿Qué hay, mi hermano? —pregunta con cara de sorpresa el capitán Valladares, un hombre ancho de hombros, con una **perilla** y gafas de **montura** dorada—. ¿Tú por aquí? Oye, ¿no te habrás vuelto a meter en líos?

—No, compay, esta vez no soy yo. Oye, cuánto tiempo —le dice abrazándole y palmeándole la espalda—. Qué bien te veo.

—No mientas, cabrón. **Estoy hecho polvo**, mi hermano. Ni fumar debería, según el doctorcito (i). Pero qué es la vida sin un buen ci-

> In Lateinamerika werden mit Hilfe der Endungen **-ito/-ita** oder **-cito/-cita** nicht nur Substantive, sondern auch Adverbien und Zahlwörter verkleinert, verniedlicht oder verharmlost.
> doctor - **doctorcito**, muchacha - **muchachita**, ahora - **ahorita**, cuarto - **cuartito**

garro después del café, que tampoco debería tomar, según ese diablo de médico.

—Bueno, hay que cuidarse sin pasarse —comenta Leonardo Correa sonriendo—. Mira, yo venía a pedirte un favor. A un amigo le han secuestrado a su hija y...

—**Para el carro**, para. ¿Y ese amigo tuyo ha denunciado el caso? Esto es la sección política, aquí no nos ocupamos de eso. Oye, hermano, ¿has estado bebiendo? Parece mentira, Leo, que seas policía...

—Ahí voy, compay, ése es el problema. Mi amigo se llama Fernando Larraz Gorriaga.

—¿Cómo? ¡Me cago en tu padre, Leonardo! ¿Y qué haces tú con ese contrarrevolucionario? ¡Pensaba que ya habías **escarmentado** y te habías dejado de tonterías!

—Es así, compay, y nunca olvidaré que si tú no llegas a **echarme un cable** estaría aún en la miseria. Yo no ando con él en nada. Pero entiende, hermano, que éramos amigos de infancia, jugábamos al béisbol...

—¿Tú, jugando al béisbol? —pregunta Ulpiano y echa a **reír a carcajadas**, que son interrumpidas por un ataque de tos.

—Pues sí, carajo (i), y no era malo —dice Leonardo Correa, algo picado—. Aunque él era mejor. Él siempre fue mejor que yo en casi todo. La escuela, el deporte, los viajes, el trabajo...

expediente *m*	Akte
ronco	heiser, rau
ϟ **¡Dichosos los ojos!**	Dass man dich mal wieder sieht!
perilla *f*	Kinnbart
montura *f*	Fassung, Gestell
estar hecho polvo	total fertig sein
ϟ **parar el carro**	halblang machen
escarmentar	aus (negativer) Erfahrung lernen
echar un cable	aus der Klemme helfen
reír a carcajadas	in Gelächter ausbrechen

Derb gesprochen bedeutet **carajo** so viel wie „Penis", „scheiße" oder „verdammt noch mal".
¡Me importa un carajo! - Das ist mir scheißegal!
irse al carajo - vor die Hunde gehen

Ejercicio 5: Pasiva. Formulieren Sie die Sätze im Passiv!

1. Nadie devolvió la niña a sus padres.

   ____

2. Mucha gente se creyó esas noticias.

   ____

3. En el pasado, Ulpiano Valladares ayudó a Leonardo Correa.

   ____

4. Por eso, a Leonardo Correa sólo lo degradaron por dos años.

   ____

—Sí, claro. En el trabajo le iba más que bien —comenta Ulpiano con gesto de rabia—. Por eso se fue a Madrid y se dedicó a cubrirnos de mierda contando en su blog todas las mentiras que difundían sus amiguitos de Miami.

—Bueno, Ulpiano. Tú sabes que no todo eran mentiras.

—Dejemos eso. Si entiendo bien, el tipo no se fía de la PNR y por eso quiere que le hagas tú el trabajo —Leonardo asiente y va a decir algo pero Ulpiano no se lo permite y continúa—. ¿Y tú lo vas a hacer? ¿Llevar un caso al margen de los que se te han **asignado**? ¿Tú sabes lo que te estás jugando?

asignar	zuteilen
bate *m* **de béisbol**	Baseballschläger
apuro *m*	Bedrängnis

—Mira, Ulpiano, yo no voy a llevar ningún caso, ya tengo bastante con lo mío. Pero entiende, es un viejo amigo.
—¿Y yo no soy tu amigo? Pues como amigo, como hermano, te aconsejo que no le hagas caso. Que se busque la vida.

Ejercicio 6: Completar. Lesen Sie weiter und füllen Sie die Lücken mit den richtigen Übersetzungen!

–Mira, hermano, es un viejo amigo y estoy en deuda con él. Una vez me salvó la vida, en una **1.** Streit ____________. Si él no llega a echarme una mano, me habrían roto el **2.** Schädel ____________ con un **bate de béisbol**. Ahí él demostró su **3.** Mut ____________, y también sus **4.** Fäuste ____________. Tendrías que haber visto los **5.** Schläge ____________ que repartió. No voy a fallarle ahora que está en un **apuro**. Nunca me perdonaría esa **6.** Feigheit ____________. Espero que lo comprendas. Ya sé que cometió **7.** Fehler ____________ políticos muy graves, pero luego escarmentó, eso ya es agua pasada. Lo que quiero saber es si aquí puede estar detrás una **8.** Rache ____________ por aquella época de su blog.

—¿Venganza? Oye, compay, aquí nadie se venga, se aplica la justicia revolucionaria, que es muy distinto. Mira, no te voy a engañar. Si hace unos años tu amiguito hubiera caído en mis manos le habría partido las piernas con mucho gusto. Aquí nuestro pueblo estaba pasándolas canutas con el embargo y con la crisis, y mientras tanto él, que vivía con todo lujo en Madrid, se permitía insultarnos un día sí y otro también. Ahora que la cosa está mejor, que hasta los gringos quieren hacer negocios con nosotros, viene él con su empresa de hoteles y se pone a bien con los de arriba. Mira, a mí ese tipo de gente me da asco, pero de ahí a secuestrar a su hija... Ni yo ni nadie de esta sección lo haría. ¿Qué culpa tiene la pobre cría de lo que hiciera su padre?

—¿Me das tu palabra de honor, Ulpiano?

—Una patada en el culo tendría que darte, Leonardo, pero te la doy. Creo que te estás equivocando de pista y que por ahí no van los tiros. ¿Por dónde dices que se produjo el secuestro?

—En el Parque de Los Mártires Universitarios, mientras escuchaban a unos músicos.

—Vaya... —Ulpiano chasquea la lengua y se queda pensativo, rascándose la nuca.

—¿Qué pasa? ¿Se te ocurre algo?

—Compay, esto que te voy a decir no lo repitas o te mato, pero últimamente tenemos un problema grave con la prostitución...

—¡Últimamente, dices! —le interrumpe Leonardo, burlón—. Como si todo el mundo no supiera a qué vienen por lo menos la mitad de los turistas a La Habana.

pasarlas canutas	allerhand durchmachen
↯ gringo *m Lat*	Nordamerikaner
cría *f*	Kind
↯ no van por ahí los tiros	die Sache verhält sich anders
chasquear	schnalzen
rascarse	sich kratzen
burlón	spöttisch
redada *f*	Razzia
antro *m*	berüchtigte Bar
chantajear	erpressen
traicionar	*hier*: missbrauchen

—Calla, imbécil, que no había terminado —ordena Ulpiano con voz severa—. Me refiero a la prostitución de menores. Cerca de ese parque está el Cabaret El Gallo, donde ya hemos tenido que hacer más de una **redada**. Tienen ahí a menores...

—¡Por Dios, Ulpiano, qué me dices! Si la cría de Fernando tiene siete años.

—Tú no sabes las cosas que nos hemos encontrado allí, y mejor que no las sepas.

—¿Y cómo que el Gobierno permite que siga funcionando ese **antro**? —pregunta Correa.

—No es fácil cerrarlo. Ese local lo lleva un alto funcionario del Ministerio de Turismo. Es un sitio al que llevan a diplomáticos extranjeros, ya sabes, para cerrar negocios y para que se lleven un buen recuerdo de Cuba.

—¿¡Un buen recuerdo!? ¡Malditos sean!

—Eso pienso yo también.

—¿Tú crees que habrían secuestrado a la niña para prostituirla?

—Espero que no, pero no es imposible. Vete tú a saber los gustos de esos diplomáticos extranjeros. Por otra parte, ya que hablabas de venganza, ¿tú estás seguro de que tu amigo cae bien a todos los empresarios que compiten con él? Yo no estaría. Es posible que le hayan secuestrado a la niña para **chantajearle**... Mira, si quieres, déjame la fotografía de la niña. Puedo intentar que mis hombres comprueben que no está retenida en el Cabaret El Gallo.

—Lo siento, compay, pero no puedo hacerlo. **Traicionaría** la confianza de Fernando.

—¡Pal carajo! Pues, entonces, no sé a qué has venido aquí.

—Bueno, hacía tiempo que no nos veíamos —dice el detective Correa con una punta de ironía.

—Sí, y veo que sigues metiéndote en líos. Esperemos que no acabes como la otra vez, o peor. Yo no sé si podré echarte una mano de nuevo.

Ejercicio 7: Expresiones coloquiales. Ergänzen Sie die passenden idiomatischen Ausdrücke!

echar una mano | ser agua pasada | un día sí y otro también | dar una patada en el culo | jugársela

1. ______________________ en esa entrevista. Sería el mejor trabajo que puedo encontrar aquí.
2. No te preocupes por aquella discusión del verano, eso ______________________.
3. Oye, me harías un gran favor si ______________________ con la mudanza.
4. Yo no sé en qué se gasta el dinero. Les está pidiendo a sus padres ______________________.
5. Qué sinvergüenza su jefe. Después de trabajar tres años para esa empresa, va y le ______________________.

Leonardo sabe que la prostitución es un tabú en Cuba. Durante la dictadura de Batista (i), la isla tenía la mala fama de servir como casino y **prostíbulo** para los norteamericanos, que venían desde Florida para gozar de bebida y chicas baratas durante el fin de semana. Tras el triunfo de la Revolución, la prostitución dejó de existir oficialmente. Fidel Castro así lo afirmó en un famoso discurso en 2004. Pero es un secreto a voces que esto no es verdad. Con un salario medio de 20 euros al mes, la prostitución es un recurso fácil para que muchas chicas y chicos logren unos ingresos extras. La policía persigue con rigor el delito de "**asedio** a los turistas" pero aún así es imposible eliminarlo. No es raro que el personal de los prostíbulos busque en los institutos y universidades a las muchachas más atractivas para ofrecerles ese tipo de trabajo.

prostíbulo *m*	Bordell
asedio *m*	*hier*: Belästigung
empalagoso	schmalzig
pedir peras al olmo	etw. Unmögliches verlangen

Cuando Leonardo llega al Cabaret El Gallo, el lugar está aún casi vacío. La música está a todo volumen y suena un **empalagoso** merengue. El detective Correa tiene que gritar para hacerse oír del camarero. Leonardo ha decidido hacerse pasar por brasileño, pues habla portugués y no le cuesta nada imitar el acento. Después de pedir un mojito, pregunta al camarero:

—Oye, compadre, yo quiero divertirme esta noche. ¿Tienes alguna chica bien jovencita?

—¿Cómo de jovencita, compay? Aquí todas son jóvenes, la mayoría tiene dieciocho añitos, veinte como mucho.

—No, amigo, no. Más joven la quiero, mucho más.

—Lo siento pero aquí no hay menores —le contesta el camarero con rostro serio—. No **pidas peras al olmo**. ¿Seguro que no quieres probar a Carmen, nuestra…

Fulgencio Batista verübte 1952 einen Militärputsch und führte Kuba in die Diktatur, die von US-amerikanischer Seite unterstützt wurde. Die kubanische Revolution unter Führung von Fidel Castro setzte dieser 1959 ein Ende.

—Oye, perdona pero yo soy aquí un amigo de Cuba, he venido a hacer aquí buenos negocios. ¿Tú conoces a Felipe de la Morena? Él te puede dar referencias mías.

—Perdona, compay, no sabía que fueras amigo de don Felipe. Mira, te voy a presentar a una muchachita de Santiago, tú sabes que las de Oriente son **canela fina**.

El camarero se marcha por unos minutos y regresa con una adolescente mestiza, con un vestido blanco **ceñido**, que sonríe de oreja a oreja y se acerca insinuante a Leonardo.

↯ canela *f* fina	vom Feinsten
ceñido	hauteng
↯ estar de parranda	auf Kneipentour sein

—Caballero, le presento a Leticia.

—¿Qué edad tienes, mi niña? —pregunta el detective.

—Tengo doce años, y soy toda tuya —responde ella.

—Oye, compay, la chica es muy guapa, pero yo quería una más joven…

La muchacha le escucha y se enfada, dándole un empujón a Leonardo Correa.

—¿Pero tú qué te crees? ¿Qué estás pidiendo, una bebé, pedazo de puerco?

—Mire, señor, yo lo siento, más joven no tenemos. La verdad es que... eso aquí no lo trabajamos…

En ese momento suena el móvil de Correa, que ve que se trata del número de Fernando Larraz. Tras dudar unos segundos, finalmente responde.

—Dime, Fernando, qué hubo, ¿alguna novedad?

—Eso es lo que yo quería saber. ¿Averiguaste algo?

—Todavía nada claro, compay, pero estoy en ello…

—Estás en ello, ya —repite Fernando, desalentado—. Oye, ¿y qué es esa música que suena allí? ¿**Estás de parranda**? Claro, hoy es sábado, mi niña puede esperar, ¿verdad?

—Espera, chico, no saques conclusiones tan rápido, déjame que te explique.
—Leonardo, yo había confiado en ti —dice Fernando en tono triste, antes de colgar el teléfono.

Ejercicio 8: Crucigrama. Lösen Sie das Kreuzworträtsel!

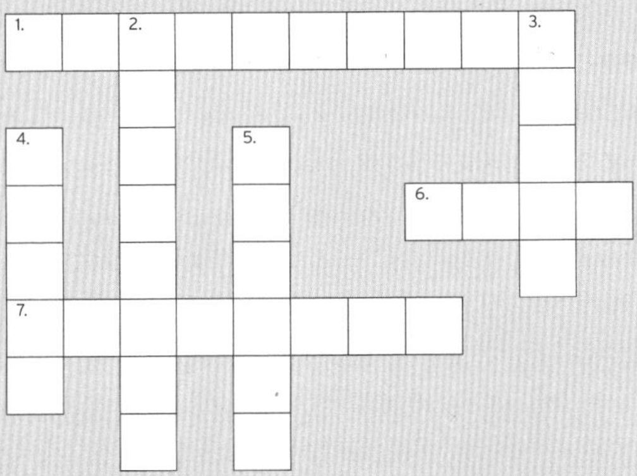

1. A pesar de tener sólo doce años, Leticia trabaja como ...
2. Al principio, el camarero ... que había menores en su establecimiento.
3. Sólo los policías y militares pueden llevar ...
4. Es habitual que un ... se cierre en un sitio como ése.
5. Azucena y su padre paseaban por la Calle de San ...
6. Si por ese camino no encontramos nada, habrá que indagar otras ... de investigación.
7. Para algunos, no vale la pena ... por un salario tan bajo.

3 Viejos conocidos

Leonardo queda muy preocupado después de que Fernando Larraz le haya colgado el teléfono y de que no haya contestado sus llamadas posteriores. Decide ir a la casa de los padres de Fernando. Quizás esté allí o, en caso contrario, pueda averiguar alguna pista sobre posibles enemigos que no se le haya ocurrido a su amigo. Se le hace raro bajarse del autobús al final de la Calzada de 10 de Octubre, en el sur de la ciudad, y encontrarse frente a ese caserón (i) casi en ruinas, al que hace falta una mano de pintura y una renovación completa desde hace décadas. En un cubo de basura, vertido en el suelo, olisquea un perro negro. Cerca de allí está el solar donde él jugaba a pelota con Fernando, y recuerda qué rabia le daba comprobar cómo su amigo bateaba siempre mejor que él. Llama al timbre, y sabe que la impresión de vuelta al pasado va a ser aún mayor cuando le abran la puerta.

> Um die Vergrößerungsform zu bilden, wird u. a. die Endung **-ón/-ona** an das Substantiv angehängt. Wichtig: In einigen Fällen ändert sich das Genus, sodass der Artikel angepasst werden muss.
> **el sombrero – el sombrerón** (der große Hut)
> **la casa – el caserón** (das große baufällige Haus)

—Buenas tardes… —le saluda María Antonia, una mujer más envejecida de lo que esperaba, con un sencillo vestido marrón.

—Buenas tardes, María Antonia. Ya no te acordarás de mí. Soy Leonardo Correa. Venía mucho por aquí de chaval.

—¡Ay, corazón, no te había reconocido! ¡Qué grande estás! Sí, ya me dijo mi hijo que había recurrido a ti. ¿Hay algo nuevo?

—Estoy trabajando sobre varias pistas. ¿Fernando está aquí?

—No, mi hijo estuvo aquí y nos contó lo que había pasado, pero se fue hace un rato, estaba muy nervioso... Dijo que no podía estar parado, fue a dar un paseo con su padre. ¿No te ha llamado?

Leonardo decide no contarle nada sobre los **reproches** de Fernando, y evita responder a la pregunta.

—María Antonia, yo quería preguntarte algo. ¿Tú sabes de algún enemigo de Fernando o de algo raro en estos últimos días?

—No, mi vida, Leonardo no tiene enemigos aquí, que yo sepa. Él se lleva muy bien con todo el mundo y estamos muy felices de que haya vuelto a Cuba. Lo único raro ha sido saber que su mujer se va a llevar a la niñita de vuelta a España...

mano *f* **de pintura**	Farbanstrich
olisquear	schnüffeln
solar *m*	Baugelände
batear	schlagen (Baseball)
chaval *m*	Junge, Bursche
reproche *m*	Vorwurf
intuir	ahnen
↯ **mala pécora** *f*	Schlampe

—¿Qué opinión tienes de la esposa de Fernando? —pregunta Leonardo, **intuyendo** la respuesta.

—¿Cuál voy a tener de esa **mala pécora**? Uy, perdona, pero es que eso de llevarse a mi nieta, cuando podía vivir aquí mucho mejor que en Madrid... Ésa era una simple secretaria, y ahí seguiría, o casi seguro en paro, si no hubiera conocido a mi Fernando. Se lo debe todo, y encima no trata a mi Fernando como se merece, nunca lo ha atendido como se atiende a un marido. Pero, oye, ¿te hago un cafecito?

—No, gracias, María Antonia. Mira, en realidad querría hablar cuanto antes con Fernando, le llamé pero parece que no tiene cobertura en el móvil.

—Ay, ya tú sabes cómo es aquí, en esta parte de La Habana. Tanta antena y luego para nada.

Leonardo se marcha un poco triste por ver a María Antonia tan desmejorada y frágil, pensando en cuán extraño es que alguien con tanto dinero como Fernando Larraz no se haya preocupado por comprarles otra casa a sus padres o por ayudar a renovarla.

Ejercicio 9: Verbos derivados. Leiten Sie die entsprechenden Verben aus den Substantiven bzw. Adjektiven ab!

1. viejo ______________________
2. nuevo ______________________
3. bate ______________________
4. oscuro ______________________
5. color ______________________

Mientras tanto, Fernando y su padre, Prudencio Larraz, caminan por el Parque de Santos Suárez. Prudencio es un hombre ya mayor, de casi ochenta años, que camina con dificultad, apoyándose en un bastón. Su voz es apenas audible, pero firme.

—Mira, mijito, yo no quería decírtelo, pero tú debías haber hecho las paces con Maribel.

Fernando da un respingo y mira fijamente a su padre, con rabia.

—Lo intenté, papá, pero no hay manera. No hay nada que hacer. Ella se obceca en recordarme el pasado.

—¿A quién se le ocurre engañarla con su mejor amiga? Nandito, pensaba que habías sentado la cabeza.

—Tú nunca te equivocaste, ¿verdad, papaíto? —pregunta Fernando con el ceño fruncido.

—Muchísimas veces, pero luego reconocí mis errores. Lo decía por ti, y por Azucena. Después de esto, imagina qué puede pasar. Ningún juez te concederá la **custodia** compartida. Será para ella, y nosotros la veremos **de higos a brevas**, si es que la volvemos a ver. Tú ya sabes que a mí no me queda mucho...

desmejorado	kränklich
cuán	wie
bastón *m*	Stock
hacer las paces	Frieden schließen
dar un respingo	zusammenzucken
obcecarse	verblendet sein
sentar la cabeza	zur Vernunft kommen
ceño *m* **fruncido**	gerunzelte Stirn
custodia *f*	*hier*: Sorgerecht
de higos a brevas	alle Jubeljahre einmal
↯ **a la porra**	zum Teufel

—Alto ahí, papá, para el carro. Tú vas a enterrarnos a todos, o casi. Tienes una mala salud de hierro y estás igual que hace diez años. Además, qué carajo, ahora lo primero es que aparezca mi hija, ¿no? Luego ya veremos.

—Aparecerá. Tengo un presentimiento, y eso nunca me engaña. Seguro que tu amigo es un buen detective.

—**A la porra** mi amigo. Si la han secuestrado, que me pidan lo que sea, no me importa volver a ser pobre.

Wütend? **A la porra** ist kurz für **mandar a alguien a la porra**, inhaltlich der deutschen Wendung „jmd. zum Teufel jagen" also sehr ähnlich.

—Tienes razón, mijito...

—Si no te importa, papá, necesito estar solo. Voy a dar un paseo hasta el puerto.

—Como quieras, Nandito. Yo voy a sentarme en ese banquito de ahí —contesta Prudencio con voz cansada.

Fernando se aleja por la Calzada de 10 de Octubre hacia la Avenida de México Cristina, que lleva hacia el puerto. Son las tres y media de la tarde y hay pocos transeúntes y poco tráfico, apenas alguno de los típicos Cadillac[i] que sirven de taxi y que recorren la Avenida en busca de algún turista. Al cabo de quince minutos, suena el móvil de Fernando, quien en un primer momento piensa que es su padre. Pero le habla una voz **distorsionada**.

Ejercicio 10: Completar. Lesen Sie weiter und ordnen Sie die Buchstaben zu sinnvollen Wörtern!

–Hola. Ésta es la **1.** adamall ____________ que usted estaba esperando. Escuche atentamente, manténgase en **2.** cinelois ____________. Su hija está en perfecto **3.** tadeos ____________. Para su **4.** catrese ____________ debe entregarnos 70 000 dólares, en billetes medianos. Sabemos que para usted no es una **5.** ditancad ____________. Meterá el dinero en una bolsa de papel y la dejará junto a la **6.** ralofa ____________ que hay en el Malecón, junto al quiosco que hay en el cruce con la Calle 25. Lo hará hoy, a las ocho de la tarde. No haga ninguna **7.** nottreaí ____________ o no volverá a ver a su hija nunca más.

—¡Pero es imposible! No puedo reunir ese dinero en tan poco tiempo —grita Fernando—. Denme un poco más de tiempo.
—Aquí las condiciones las ponemos nosotros. El dinero debe estar allí a la hora prevista. Si no, su hija desaparecerá para siempre.

Man sagt, die Kubaner seien die besten Mechaniker der Welt - und das nicht ohne Grund! Kurz nach der Revolution hatte Kuba den freien Autohandel unterbunden, lediglich die Modelle Baujahr 1959 durften vertrieben werden. Es ist also dem handwerklichen Geschick ihrer Besitzer zu verdanken, dass in Kuba bis heute alte Cadillacs, Chevrolets und Plymouths durch die Straßen rollen und für nostalgisches Flair sorgen.

—Espere —dice Fernando Larraz, que siente cómo el corazón le late a toda velocidad—. No cerraré ningún trato con ustedes si no me dejan hablar con mi hija primero.

—De acuerdo. Espere un momento —le dice la voz.

Segundos después, Fernando puede escuchar la voz de su hija.

—¿Papá? ¿Estás ahí?

—¡Hija mía! ¡Gracias a Dios! Dime cómo estás, tu papá estará contigo muy pronto.

—Estoy bien, papi. Tu amiga me ha dejado las muñecas de su hija. Hay una que habla en español y en inglés.

—¿Has comido bien, cariño?

—Sí, pero no tan bien como con la abuela. ¿Es verdad que esta tarde vienes a recogerme, no?

—Sí, mi *amol*, no te preocupes. Papá arreglará unas cosas e irá a por ti.

distorsionar	verzerren
latir	schlagen (Herz)
asma *f*	Asthma

Unos segundos después, la desagradable voz distorsionada se pone al teléfono.

—Ya ha oído. Su niña está bien. Haga lo acordado y la verá sana y salva. De lo contrario…

—Sí, sólo que realmente necesitaría más tiempo…

—Ni hablar. Traiga el dinero a la hora convenida o no verá a su hija nunca más.

—Por favor, una última cosa. La niña necesita una medicación para el asma. No sé si podrían comprársela, les puedo decir el nombre.

—Olvídese de eso. No le pasará nada si deja de tomarla por unas horas. Cumpla con el trato —**concluye** la voz, y cuelga.

Fernando Larraz se considera un hombre con éxito en la vida, pero está en un apuro. La mayoría de su dinero no está en Cuba, sino en una cuenta bancaria española y en otra holandesa, para pagar menos impuestos. La transferencia **se demoraría** un par de días. Sólo le queda recurrir a otra persona, y sabe a quién. El empresario español José María Cumbreño, Chema para los amigos, propietario de varios hoteles en Varadero.

concluir	schließen, beenden
demorarse	sich verzögern
↯ dar candela	Gas geben
engominado	mit Haarfestiger gestylt
soberbio	eitel
altivez *f*	Überheblichkeit

Fernando detiene el primer taxi que pasa.

—¿Adónde le llevo, compay? —pregunta el taxista.

—Al Hotel Playa Azul, en Varadero, lo más deprisa que pueda.

—¿Cómo no, compadre? Ésa es una buena carrera. En cuanto tome la Vía Blanca[i] le **damos candela** al Cadillac.

A pesar de la belleza de las vistas, por ejemplo al pasar por Puerto Escondido o Bacunayagua, Fernando Larraz no tiene ánimo para disfrutar del viaje. Sólo se tranquiliza un poco cuando dejan atrás la ciudad de Matanzas. Muy poco después llegan a la península de Varadero.

Die **Vía Blanca** ist eine 138 km lange Schnellstraße, die Havanna mit der Touristen-Stadt Varadero (in der Provinz Matanzas) verbindet. Ihr Name leitet sich von der Strecke ab, die direkt an den traumhaften weißen Stränden vorbeiführt.

Fernando Larraz, tras pagar la carrera y dar una generosa propina, entra en el Hotel Playa Azul. La recepcionista ya le conoce y, tras comprobar que José María Cumbreño se encuentra en su oficina de dirección, le indica el camino.

Ejercicio 11: Palabra escondida. Übersetzen Sie und enträtseln Sie das Lösungswort!

1. Suche _ _ ☐ _ _ _ _ _
2. Richter _ _ ☐ _
3. Sorgerecht ☐ _ _ _ _ _ _ _
4. Folter _ _ _ _ ☐ _ _
5. Lösegeld _ ☐ _ _ _ _ _
6. Spaziergang _ _ ☐ _ _
7. Ehebruch _ _ _ _ ☐ _ _ _ _
8. Scheidung _ _ _ _ ☐ _ _ _
9. Geständnis _ ☐ _ _ _ _ _ _ _

Lösung: ☐☐☐☐☐☐☐☐☐

José María Cumbreño es un hombre de cuarenta y cinco años, alto y grueso, con el pelo **engominado** y un elegante traje de seda italiana, un poco **soberbio** en el trato, con la **altivez** de quien está acostumbrado a mandar y cree haber llegado donde está sólo por sus propios méritos. Conoce a Fernando Larraz desde hace años y lo aprecia. Se ven a menudo y aunque en principio sus hoteles pertenecen a cadenas distintas, tienen proyectos comunes.

—¡Hombre, Fernando! ¡Dichosos los ojos! ¿Qué te trae por aquí? —le saluda, sorprendido y expansivo, dándole un apretón de manos.

—Estoy en una situación muy grave. Necesito pedirte ayuda —contesta Fernando en tono pesaroso.
El rostro de Cumbreño adopta un gesto serio. No se esperaba que vinieran a pedirle algo, es una situación que instintivamente le crea rechazo.
—Vaya, Fernando. No me dirás que te has metido otra vez en problemas políticos... No es el momento ahora para eso, te lo he dicho mil veces. Los negocios primero.
—No es eso, Chema. Necesito dinero.
—¿Pero qué me dices? Espero que estés de broma. Pero si eres el empresario cubano de moda en estos momentos.
—No exageres, compay. Chema, han secuestrado a mi hija y me piden 70 000 dólares.
—No es poco, desde luego. Pero tampoco es mucho para ti. Me ha dicho un pajarito que el hotel de La Habana marcha bastante bien.
—Tengo que pagarlo dentro de dos horas. Yo no tengo tanto **en metálico**, y tú sabes que las transferencias a Cuba tardan.

en metálico	cash, bar
⚡ **fula** *f*	US-Dollar
chantaje *m*	Erpressung
lienzo *m*	Gemälde
caja *f* **fuerte**	Safe
conmocionado	erschüttert

—Diles que esperen —dice Cumbreño con gesto de desdén.
—¡No van a esperar! Mira, Chema, yo sé que tú tienes miles de **fulas** en metálico, sin declarar, de las comisiones para el Ministerio...
—Oye, oye, sin faltar. No sé de qué me estás hablando.
—Lo sé de sobra, Chema —dice Fernando, de repente fuera de sí, agarrándole del cuello de la camisa—. Mira, tú y yo somos amigos. Pero está en juego la vida de mi hija. Me vas a dar ese dinero por las buenas o por las malas. Pagaré el rescate y en cuanto me llegue la transferencia te lo devuelvo.
—¿Por qué a mí? —dice Chema, ya libre de las manos de Fernando—. Nunca habría esperado esto de ti: un **chantaje**.

—Por mi hija sería capaz de matarte, Chema. Así que date prisa.

—Está bien —acepta Cumbreño, apretando los dientes—. Pero quiero en dos días el dinero de vuelta. Y otra cosa: después de eso no quiero volver a verte en tu puta vida. Nunca debí haber confiado en ti ni haberte ayudado en Madrid cuando eras un muerto de hambre.

José María Cumbreño se dirige hacia un **lienzo** en el que aparece retratado con el Malecón de fondo. Retira el cuadro y deja a la vista una **caja fuerte**. Gira la combinación y empieza a sacar billetes de cien dólares.

—Pide un sobre en recepción. Ahora piérdete. Suerte —dice, tranquilizado por un momento, pero sin querer darle la mano a Fernando Larraz, que se va sin decir palabra, **conmocionado**.

Ejercicio 12: ¿Verdadero o falso? Welche Sätze sind richtig? Kreuzen Sie an!

1. Fernando Larraz no tiene dinero para pagar el rescate. ☐
2. Cumbreño es un empresario corrupto. ☐
3. Varadero es la capital de la provincia de Matanzas. ☐
4. Prudencio Larraz pide a su hijo que se reconcilie con su esposa. ☐
5. Fernando y Leonardo pasaron su infancia en el mismo barrio. ☐

4 Nada es lo que parece

Nada más salir del hotel, Fernando Larraz toma un taxi y pide que le lleven a La Habana a toda velocidad. El corazón le late muy deprisa, pero su mirada brilla de alegría. No puede fallar. Entregará el dinero y los secuestradores le devolverán a su hija. Es una transacción, un negocio más, pero el más importante de su vida. En ese momento suena el móvil. Es Leonardo Correa, que ya le había llamado cuatro veces. Fernando duda por un momento, pero decide que tampoco esta vez va a responderle. Ya no le necesita, y podría complicarle todo. Al final, el rescate se efectuará sin su intervención. Todo habría sido mejor con la ayuda de su amigo, pero Correa le ha decepcionado. Vuelve a sonar el teléfono. "Qué pesado", piensa, pero entonces ve que es Maribel.

—Hola, Maribel —le responde.

—¿Hay algo nuevo? ¿Ya encontraron a mi hija?

—No te preocupes. Va a resolverse todo. Voy a pagar el rescate y tendremos a nuestra hija...

—¡Gracias a Dios! Ya temía lo peor.

pesado	*hier*: lästig
concurrido	voll, belebt

—El rescate es muy alto pero no importa. Por mi hija todo —dice Fernando, y siente una ligera decepción al no obtener respuesta por parte de su aún esposa—. Oye, mi *amol*, me queda poca batería y tengo que mantenerla por si vuelven a llamarme.

—De acuerdo, Fernando. Te espero en el hotel. Os espero.

Ejercicio 13: Pasiva y pasiva refleja. Wandeln Sie die folgenden Sätze von Pasiva in Pasiva refleja um und umgekehrt!

Beispiel: El dinero se entregará por Fernando.

El dinero será entregado por Fernando.

1. Fernando cree que el caso se resolverá sin ayuda de Leonardo.

____

2. El rescate será depositado en una bolsa, junto a un quiosco.

____

3. Fernando será insultado por su mujer.

____

4. Cumbreño nunca pensó que fuera a ser chantajeado.

____

Cuando el taxi cruza el Túnel de la Habana y llega al Malecón, Fernando vuelve a sentirse nervioso. El paseo junto al mar está muy **concurrido** a esa hora. ¿Qué pasaría si la bolsa la encuentra otra persona?
—Déjeme aquí, junto al quiosco —pide al taxista, al que entrega una generosa propina.

—¡Gracias, hermano! Ojalá todos los viajes fueran como éste —le contesta el conductor, sorprendido.
Son las siete menos cinco cuando suena de nuevo el móvil de Fernando Larraz.
—Si no me equivoco, usted debe estar ya en la esquina de la calle 25 —dice la voz distorsionada—. Ponga la bolsa al pie de la farola junto al quiosco, enfrente del **mural** del Che Guevara. Un ciclista, con una **camiseta de tirantes** lila y una gorra roja, recogerá la bolsa en unos minutos.

mural *m*	Wandbild
camiseta *f* **de tirantes**	Muskelshirt
cobertizo *m*	Schuppen
fachada *f*	Fassade
trampa *f*	Falle

—De acuerdo, lo que usted diga —dice Fernando Larraz, muy nervioso—. Pero, ¿dónde tengo que recoger luego a mi hija? Se me está acabando la batería...
—Usted entregue primero el dinero, y luego hablaremos —contesta la voz, y cuelga.
Fernando mira a todos lados, con desconfianza. Se acerca a la farola y pone la bolsa. Luego se aleja unos pasos hacia atrás. Para contener su nerviosismo, compra unos cigarros en el quiosco y enciende uno. Diez minutos después, ve acercarse a un joven mulato, con una gorra roja colocada hacia atrás, conduciendo lentamente una bicicleta. El muchacho se para junto a la farola, recoge la bolsa y mira el contenido. Dirige una mirada a Fernando y hace un gesto con el pulgar hacia arriba. Luego, sube en la bicicleta y se va rápidamente por el Malecón, en dirección oeste.
—¡Oiga, espere un momento! ¿Dónde tengo que ir? —grita desesperado Fernando.
En ese momento suena de nuevo el móvil.
—Diríjase al número 98 de la calle Porvenir.
—Eso queda cerca de la calle Lawton, ¿verdad?
—En efecto. Creo que usted conoce esa zona. Allí está su hija.

A Fernando le resulta extraño saber que su hija estaba no muy lejos de la calle de sus padres. Pide un taxi e indica la dirección que le han proporcionado. Una vez allí, se encuentra con una casa abandonada. La construcción parece más bien un gran **cobertizo**, la **fachada** está llena de manchas de humedad y el tejado se encuentra roto. Larraz llama a la puerta de la casa y nadie contesta. Empuja la puerta y está abierta. Siente de pronto miedo. ¿Y si se trata de una **trampa**? Pero enseguida una voz conocida le saluda.

—¡Papi! —grita su hija, que sale a recibirle y se lanza en sus brazos.

—¡Cariño! —exclama su padre que la abraza y la cubre de besos—. ¿Estás sola? ¿No hay más gente contigo?

—No... La señora amiga tuya se fue hace un momento, me dijo que tú ibas a llegar...

—Bueno, vamos al hotel. Mamá nos está esperando.

Ejercicio 14: Sustantivos derivados. Lesen Sie weiter und leiten Sie die Substantive aus den Verben ab!

Pero cuando llegan al hotel, Fernando Larraz no obtiene de su esposa el **1.** recibir ______________ que esperaba. Frente a la **2.** alegrar ______________ con la que abraza a su hija, no da ni una **3.** mostrar ______________ de **4.** agradecer ______________ a su marido.

–Menos mal que no vamos a tener que compartir nada contigo –le dice con gesto de **5.** despreciar ______________–.

Había perdido la **6.** confiar __________ en ti hace tiempo pero no sabía que pudiera pasar algo así. Espero que al menos cumplas con tu **7.** prometer __________ y firmes los papeles del divorcio.

Fernando siente un **8.** abatir __________ absoluto y, acercándose a los papeles, firma, casi sin pensar.

—Perfecto. Todo esto me ha puesto demasiado nerviosa y no puedo aguantar ni un minuto más junto a ti. Por suerte hay aún un vuelo a Madrid esta noche, creo que estoy a tiempo de cambiar el billete.

—¿Os vais hoy? —pregunta Fernando con incredulidad—. ¿No podéis esperar a mañana?

—¡No, no y no! —grita Maribel, muy alterada—. ¿Tú te das cuenta de lo que has hecho? ¡Dejaste que secuestraran a nuestra hija! ¡Podrían haberla matado, podrían haber…!

—Os acompañaré al menos al aeropuerto…

—Lo siento, Fernando. Creo que es mejor que te despidas ahora de Azucena.

—¿Nos dejas solos? —pregunta Fernando Larraz con un hilo de voz.

—Creo que no sería buena idea…

Cuando Maribel y su hija Azucena se marchan en un taxi en dirección al Aeropuerto Internacional José Martí (i), Fernando se queda en un estado de extrañeza total. No sabe

José Martí (1835-1895) war nicht nur Mitbegründer der literarischen **Modernismo**-Bewegung, er war ebenso Gründer der Kubanischen Revolutionspartei (**Partido Revolucionario Cubano**) im Kampf für die Unabhängigkeit der Insel, die bis 1898 spanische Kolonie war.

qué sentir, si desesperación, tristeza o resignación. En ese momento suena su móvil. Es de nuevo Leonardo Correa. Decide descolgarlo, necesita hablar con alguien.

—¿Qué hay, Leonardo?

—¡Compay, ya pensé que te habían secuestrado también! Te llamé como quinientas veces.

—Se acabó todo. Ya está resuelto. Pagué el rescate y me devolvieron a mi hija —contesta Fernando, en tono triste.

—¡Pal carajo! ¡Pagaste el rescate, cabrón! ¡Y no me dijiste nada! Te pedí que me avisaras en cuanto te llamaran los secuestradores… —le **espeta** Leonardo, entre indignado y decepcionado—. Oye, pero tú no pareces muy alegre.

con incredulidad	ungläubig
espetar	*hier*: anfahren (verbal)
bohío *m Cuba*	Hütte
custodiar	beaufsichtigen

—Está todo bien. Sólo que Maribel ya se llevó la niña a España. Decía que no quería pasar más tiempo conmigo después de lo ocurrido —dice Fernando y se le quiebra la voz.

—Oye, hermano, se te ve afectado. Pero una cosa, ¿dónde estaba la niña?

—En una casa abandonada que parecía un **bohío**, cerca de la calle Lawton —dice Fernando—. Estaba la niña sola, al parecer la había estado **custodiando** una mujer pero ya se había ido.

—Compay, yo quiero que me lleves a esa casa. Si se puede, ahora mismo. ¿Dónde estás?

—En el Hotel Guajira, ¿dónde nos encontramos?

—En veinte minutos te recojo con mi carro, en la esquina de la Calle M con la Avenida 23, ¿ok?

Poco después, Leonardo llega con su coche, un viejo Fiat Polski 126 de color rojo.

—No sabía que tuvieras auto[i], compay —comenta Fernando, y sonríe por primera vez.

—A ver si pensabas que sólo los emigrados podíais.

> In Lateinamerika ist die Bezeichnung **auto** weniger gebräuchlich als **carro.** In Spanien spricht man dagegen nur von **coche.**

Un rato después, Leonardo aparca junto al número 98 de la calle Porvenir. La puerta sigue estando abierta. Leonardo entra **con sigilo**, y con la mano apoyada en la **culata** de la pistola.

—No hay nadie —dice, a la vez que enciende una vieja lámpara que cuelga del techo como si se fuera a caer—. Oye, lo primero, no toques nada —pide a su amigo mientras se pone unos guantes de plástico—. Esa **alacena** abierta, qué hay ahí.

—Son unos botes de conserva y hay también bolsas de arroz.

—Pueden tener **huellas dactilares**. Miraremos primero en la **alcoba**, luego en la cocina y el baño.

con sigilo	leise
culata *f*	Gewehrkolben
alacena *f*	Vorratsschrank
huellas *f pl* dactilares	Fingerabdrücke
alcoba *f*	Schlafzimmer
rastrear	durchsuchen
concienzudamente	gründlich
sostener	halten
envoltorio *m*	Verpackung

Leonardo **rastrea** el piso **concienzudamente** en busca de pistas. Cuando casi ha terminado, se le ocurre mirar en el cubo de la basura.

—Vaya, ¿qué es esto? Parece de algún medicamento —dice el detective, **sosteniendo** un **envoltorio** de plástico.

—Es de la medicina para el asma de Azucena —dice Fernando, asombrado—. ¿Cómo es posible? Azucena no la llevaba encima.

—Qué secuestradores tan atentos. ¿Sabían que la necesitaba?

—Eso sí, yo se lo dije. Pero… ¡es una medicina española! Ellos no podían tenerla, a menos que…

Ejercicio 15: Sopa de letras. Finden Sie sieben Teile eines Hauses! (waagerecht, senkrecht, diagonal)

A	T	Y	T	E	D	I	C	O
D	E	A	E	Q	U	A	M	A
B	J	L	C	I	B	L	E	C
F	A	C	H	A	D	A	O	E
V	D	O	O	M	C	C	Ñ	R
A	O	B	U	N	I	E	A	O
B	E	A	X	N	A	N	C	U
R	O	Z	A	C	I	A	E	B
Q	U	I	N	O	L	A	X	E

—¿A qué hora sale el vuelo de tu mujer a Madrid?

—A las diez y media... Ya estarán a punto de **embarcar**...

—¡Vamos al coche! Voy a hacer una llamada —dice Leonardo, con mucha prisa, marcando un número—. Ulpiano, soy yo, Correa. Oye, avisa a la **policía fronteriza** y la **aduana**. Hay que **impedir** la salida del país de María Isabel López Martínez, por tráfico de divisas y secuestro... Sí, sí, yo ya te daré más datos.

embarcar	*hier*: ins Flugzeug steigen
policía *f* fronteriza	Grenzpolizei
aduana *f*	Zoll
impedir	verhindern

Maribel camina de la mano de Azucena, que está muy cansada. Ha sido un día muy extraño. Maribel camina segura y confiada, tras haber pasado el control de equipajes y de pasaportes. La cola de embarque avanza lentamente. Cuando es su turno, muestra su tarjeta de embarque y su pasaporte a una muy alta azafata de color, que sonríe a la pequeña.

—Uy, qué carita de sueño. Buenas noches, señora.

—Buenas noches —dice Maribel, con su mejor sonrisa.

embarque *m*	An-Bord-Gehen
desvanecerse	verschwinden
crispado	verkrampft
compasión *f*	Mitleid
barriada *f*	Elendsviertel

La sonrisa de la azafata se desvanece al comprobar la identidad de la pasajera.

—Disculpe, señora, parece que hay un problema con su pasaporte, si no le importa tendrá que esperar unos minutos.

—¿Cómo? ¿Qué tipo de problema? —pregunta Maribel con una sonrisa crispada, mientras la azafata ignora su pregunta y llama por teléfono.

—Sí, aquí está, pueden venir.

Maribel siente que le tiemblan las piernas y piensa en echar a correr[i], cuando ve a un grupo de policías que se acercan a paso rápido. Entre ellos va Leonardo Correa. Desde lejos, el detective la mira, y siente cierta compasión por esa mujer que organizó el secuestro de su hija para obtener el divorcio de su marido y, con el dinero del rescate, empezar una nueva vida en Madrid. No le debió de ser difícil, en una barriada tan pobre como Lawton, encontrar a algunos cubanos dispuestos a ayudarla por unos cientos de dólares. Cuando llegan junto a ella, Maribel empieza a llorar. Es evidente que reconoce su culpa. Leonardo Correa, que alguna vez había envidiado la suerte de su amigo, no querría estar ahora en su lugar.

Echar(se) a + Infinitiv kann synonym zu **empezar a + Infinitiv** gebraucht werden, da der Fokus auf dem (plötzlichen) Beginn einer Handlung liegt:
echar a correr - davonlaufen, losrennen
echarse a llorar - in Tränen ausbrechen

Ejercicio 16: Sintaxis. Ordnen Sie die Wörter zu sinnvollen Sätzen!

1. su | secuestrada | por | fue | Azucena | madre

____

____

2. fue | el | la | clave | envase | de | medicina | pista

____

____

3. embarcar | detenida | antes | poco | Maribel | fue | de

____

____

4. casos | para | más | los | de | uno | fue | Correa | complicados

____

____

Muerte en las arenas

Mario Martín

1 Macabro panorama

Pocos paisajes en Europa son tan impresionantes como los del Parque Nacional del Teide en Tenerife[i]. Las vistas al Teide, el tercer volcán insular más grande del mundo, son una experiencia inolvidable para todo viajero. La **cumbre** nevada, el Roque Cinchado, las formas increíbles de las otras rocas volcánicas –parecen los juguetes de un gigante–, las arenas de color rojizo... todo hace que el viajero se sienta en una atmósfera especial. Así es para Andreas, un joven alemán que ha venido con su novia española, Elisa, mientras caminan hacia un **mirador** desde el que hay una magnífica vista al Pico Viejo, el segundo volcán más grande de Tenerife.

> Der **Parque Nacional del Teide** entstand 1954 und zählt seit 2007 zum UNESCO-Weltkulturerbe. Mit seinen 3.718 m ist der Teide die höchste Erhebung Spaniens und der dritthöchste Inselvulkan weltweit. Die meiste Zeit des Jahres ist er von Schnee bedeckt.

cumbre *f*	Gipfel
mirador *m*	Aussichtspunkt
Marte *m*	Mars
pedregoso	steinig
bulto *m*	Bündel
enfocar	fokussieren
tendido	liegend
tinerfeño	aus Teneriffa
humeante	dampfend

—Es como si no estuviéramos en Europa, sino en… —intenta expresar Andreas.

—¿Dónde? —pregunta Elisa, sonriente.

—¡No sé! En la Luna, o en **Marte** —responde él.

—Pues aún no has visto lo mejor. Sígueme —dice ella, mientras echa a andar por una cuesta **pedregosa**. Andreas camina detrás de ella, y empieza a correr.
—¡A ver quién llega antes! ¡Guau! ¡Qué panorama! —exclama al llegar—. Parece que estamos solos en el mundo. ¿Eh? ¿Qué es eso? —pregunta señalando un **bulto** a un kilómetro de distancia, bajo ellos.
—No sé, parece ropa abandonada... —dice Elisa, extrañada.
—A ver, déjame tu cámara —dice Andreas, que **enfoca** con el zoom para ver mejor de qué se trata—. Parece un hombre... **tendido** en el suelo. Debe de haberle ocurrido algo.
—¡Madre mía, hay que llamar a alguien, una ambulancia! —grita Elisa, de repente muy nerviosa.

Son las ocho de la mañana y el sol luce ya con fuerza sobre Santa Cruz de Tenerife. A la entrada de la Comisaría Nacional de Policía se encuentran los agentes Selena Millas y Miguel Alvarado. Ella es **tinerfeña** y él, grancanario, aunque desde hace unos meses está destinado en esta isla[i]. Miguel llega con un vaso de café **humeante**.

> Die **Comunidad Autónoma de Canarias** vereint sieben Inseln, die sich auf zwei Provinzen - benannt nach den beiden größten Inseln - verteilen. Zur Provinz Teneriffa gehören demnach La Gomera, El Hierro und La Palma, während die Provinz Gran Canaria die Inseln Lanzarote und Fuerteventura einschließt. Es gibt also von Haus aus kleine Rivalitäten zwischen **tinerfeños** und **grancanarios.**

—Buenos días, Selena, disculpa la tardanza —dice Miguel.
—No pasa nada, acabo de llegar. Vaya, ¡qué bien huele ese café!
—Sí, voy a tener que reconocer que el barraquito[i] lo preparan mejor en vuestra isla... —comenta Miguel.
—¡Qué paisaje más impresionante!

> Probieren und genießen! Hinter dem landestypischen **barraquito** steckt ein Kaffee mit Kondensmilch, Zimt, Zitrone und einem Schuss Likör.

—Vaya, este día hay que señalarlo. La primera vez que reconoces que hay algo mejor en Tenerife que en Gran Canaria —dice Selena sonriendo—. Ah, mira, ya llega el comisario.

Ejercicio 1: Imperativo. Ergänzen Sie die richtigen Verbformen im Imperativ!

1. Es en esta dirección. Seguir - vosotros ______________ las señales.
2. No es por ahí. Volver - tú ______________ aquí.
3. Ella no es de fiar. No creer - tú ______________ todo lo que te diga.
4. Ir - tú ______________ ya al jardín. Te están esperando.
5. Si podéis, leer - vosotros ______________ mañana el reportaje en el periódico.

El comisario Rafael Morales es un hombre de unos cincuenta años, calvo, orondo y bonachón, aunque sabe mantener la autoridad cuando se trata de temas serios. Saluda rápidamente a sus subordinados y les indica que le sigan al sótano de la comisaría, donde se encuentra el depósito de cadáveres.

—Nos espera la doctora Teresa Corbacho. No va a ser un caso fácil, os lo advierto.

La doctora Corbacho, médica forense, les espera en la sala de exposición del depósito de autopsias, junto a una mesa cubierta con una sábana azul bajo la que está el cuerpo examinado.

—Buenos días, Teresa. ¿Nos puedes decir ya el resultado de la autopsia?

—Buenos días, Rafael. Sí, ha sido muy rápida. Cuando llamaron al 112, los chicos de la ambulancia pensaron que se trataría de la víctima de una **insolación**. No sería el primer caso de un turista que piensa que puede caminar a pleno sol por el desierto del Teide sin que le ocurra nada. Pero mirad...

La doctora retira la sábana y deja a la vista el cuerpo de un hombre joven, con la piel muy pálida, y la cabeza destrozada.

orondo	dickbäuchig
bonachón	gutmütig
médico/a *m/f* forense	Gerichts-mediziner(in)
insolación *f*	Hitzschlag
contundente	stumpf
partir	brechen

Ejercicio 2: Completar. Lesen Sie weiter und übersetzen Sie die Wörter zum Thema „Körper"!

–Enseguida vimos que la víctima sufrió una grave fractura de 1. Schädel ____________, producida seguramente por un objeto **contundente**, que le **partió** igualmente la 2. Kiefer ____________. Por el color de la 3. Haut ____________ y la temperatura de la 4. Blut ____________ hemos podido establecer que este hombre murió entre las cinco y las siete de la tarde de este sábado.

–Veo que tiene ciertas marcas en las 5. Handgelenke ____________ –comenta la agente Millas.

–Muy observadora –dice la doctora Corbacho–. Tiene también unas extrañas marcas en la **6. Rücken** ______________ y en la **7. Genick** ______________.

—¿Cree que la víctima fue torturada? —pregunta el agente Alvarado.

—Es una hipótesis que no podemos **descartar** —responde la doctora Corbacho—. Pero lo que está claro es que su muerte fue causada por un solo golpe, con un objeto contundente, seguramente una roca. El asesino no necesitó más, y tampoco quiso **ensañarse**.

—¿Hay algún tipo de **pista**? ¿Restos, **huellas dactilares**? —pregunta Selena.

—De momento, absolutamente nada —contesta el comisario Morales—. Ya os dije que va a ser un caso difícil.

—¿Conocemos la identidad de la víctima? –pregunta Miguel.

—Sí, enseguida **cotejamos** sus huellas —responde Morales—. Se trata de Pedro José Díaz, de treinta y nueve años. Supongo que no os sonará de nada...

Selena y Miguel niegan con la cabeza.

descartar	ausschließen
ensañarse	seine Wut auslassen
pista *f*	*hier:* Spur
huellas *f pl* **dactilares**	Fingerabdrücke
cotejar	abgleichen
mansión *f*	Villa
verja *f*	Zaun
ladrido *m*	Bellen
pastor *m* **alemán**	Schäferhund
cano	grau
pésame *m*	Beileid

—Bueno, reconozco que a mí tampoco —prosigue el comisario, sonriendo—, pero era conocido en los círculos literarios y artísticos de Tenerife. Era poeta y daba un curso de Escritura creativa en la Universidad de La Laguna. También trabajaba como traductor lite-

rario del inglés, del francés… Vivía solo. Sus padres ya saben la noticia, están muy conmocionados.
—¿Crees que podrán hablar con nosotros ya? —pregunta Selena.
—Son los primeros que deberéis ver. Será duro para ellos, pero pueden ponernos sobre la pista de quién podía querer acabar con la vida de su hijo.

Los padres de la víctima viven en Tegueste[i], un municipio a las afueras de Santa Cruz de Tenerife, donde residen muchas familias acomodadas que prefieren la tranquilidad de esta localidad. Justo a las doce del día, Selena aparca el coche patrulla frente a la puerta de una llamativa **mansión**, con amplio jardín rodeado por una **verja**.
—Bonita casa —comenta Miguel Alvarado—. ¿A qué se dedican los padres de la víctima?
—Están jubilados, pero el padre era propietario de una inmobiliaria. Le fue bien, parece, en los años antes de la crisis.
Miguel llama al timbre. De inmediato se escuchan unos furiosos **ladridos**. Un gran **pastor alemán** viene corriendo a la puerta.

> Die Ortsnamen auf Teneriffa sind geschichtsträchtig. Bevor spanische Eroberer 1496 die christliche Religion auf der Insel verbreiteten, hatten die **guanches**, die Ureinwohner Teneriffas, ihre eigene Religion, in welcher der Teide als heiliger Berg verehrt wurde. Ihr Herrscher, der **menceyato de Tegueste**, war einer der bedeutendsten.

—¡Peter, tranquilo! —ordena una voz grave—. Poco después aparece Emilio Díaz, un hombre con pelo **cano**, alto y que, a pesar de su edad, parece en buena forma física.
—Buenos días. Nuestro más sentido **pésame** —empieza a hablar el agente Alvarado.
—Gracias, por favor, entren, no se queden ahí —les dice.
—Siento decirles que mi esposa no podrá atenderles. Ha tenido que tomar tranquilizantes y está dormida. No había pegado ojo

desde que supo… Todo el tiempo llorando, todo el tiempo —les dice, **desconsolado**—. Hace un rato parecía mejor, pero no pudo contenerse. Cuando empezó a pensar en que tendría que hablarles de nuestro hijo, sufrió un ataque de ansiedad y ha tenido que volver a acostarse. Yo puedo contestar a sus preguntas. Quizás otro día ella se vea capaz… Siéntense ahí, por favor —les pide mientras señala un sofá grande—. ¿Quieren algo de beber?

—No, muchas gracias —dice Selena.

—Al menos comerán algo. Mi esposa había preparado unas papas con mojo[i] que **están para chuparse los dedos**.

—De acuerdo, se lo agradecemos —acepta Miguel Alvarado, antes de que Selena pueda volver a rechazar el ofrecimiento.

> **Mojo** ist eine traditionelle kanarische Soße, die sich perfekt zum Dippen von **papas** (lateinamerikanisch für **patatas**), aber auch von Brot oder Fleisch eignet. Besonders beliebt sind **mojo verde**, mit frischem Koriander, und **mojo picón**, die scharfe Variante mit Paprika und Chili.

—Antes que nada, nos gustaría saber si su hijo tenía algún enemigo, si había alguien que pudiera tener motivos para desear su muerte —comienza el agente Alvarado.

Emilio Díaz respira profundamente antes de hablar.

—Mi hijo era una persona muy reservada, muy **retraída**. Hablaba poco de su vida personal. Yo casi todo lo sabía a través de mi esposa. Con ella tenía más confianza. Pedro fue un niño muy alegre, pero tuvo una adolescencia complicada. Siempre fue alguien muy inquieto. Estuvo de lector de español en Francia, trabajó algún tiempo en una editorial de Barcelona… Hace un par de años regresó a Tenerife con un contrato en la universidad. Yo le veía bien, aunque últimamente quizás más serio que de costumbre…

desconsolado	untröstlich
⚡ estar para chuparse los dedos	sehr lecker sein
retraído	schüchtern

Ejercicio 3: Sintaxis. Ordnen Sie die Wörter zu sinnvollen Sätzen!

1. típica mojo Canarias salsa es picón una de el

___

___

2. alto Pico el el que es Viejo Teide más

___

___

3. cabeza en víctima fue la la golpeada

___

___

4. primeros guanches Canarias los los fueron pobladores de

___

___

—Tengo entendido que su hijo era soltero. ¿Tenía novia, compañera sentimental? —pregunta la agente Millas.
—Bueno, a mi hijo siempre le gustaron los chicos. Claro, cuando nos enteramos fue una sorpresa, pero nosotros le queríamos como era. Nunca tuvimos ningún problema con eso, pero él apenas nos hablaba de sus relaciones. Creo que no tenía ningún compañero en este momento, pero no puedo decirle con exactitud.
—¿Sabe quién nos podría decir algo más? Algún amigo o amiga de su hijo... —pregunta Selena.
—Lo mejor sería que fueran a su facultad y preguntaran. A sus compañeros, quizás sus alumnos... Ya le digo, mi hijo no hablaba mucho de sí mismo. Quizás nunca llegamos a conocernos realmente. Supongo que yo nunca pude darle la confianza que necesitaba... —dice Emilio Díaz, y la voz se le quiebra en llanto.

Ejercicio 4: Sopa de letras. **Finden Sie im Gitterrätsel fünf Charaktereigenschaften!**

B	E	T	C	A	V	R	I	D
Z	A	P	R	U	S	E	T	Q
I	N	Q	U	I	E	T	O	U
B	R	A	L	E	G	R	E	I
U	S	S	A	B	E	A	R	U
R	E	A	N	T	I	I	S	J
G	R	T	I	M	I	D	O	Y
K	I	A	H	W	I	O	E	T
Q	O	I	M	P	L	A	X	U

2 Una facultad llena de misterios

Al día siguiente por la mañana, los agentes Millas y Alvarado se dirigen a la Facultad de Filología de la Universidad de La Laguna, en el Campus de Guajara.

—No pensaba tener que volver por aquí. Me recuerda mi época de estudiante… —comenta Selena Millas.

—¿Estudiaste en la universidad? No lo sabía —dice Miguel Alvarado.

—¿Acaso te sorprende? ¿Tan cateta te parezco? —pregunta Selena, picada.

—En absoluto… —replica Miguel, sorprendido por lo molesta que parece su compañera—. Sólo que no lo sabía. Yo no estudié en la universidad, no sé si eso me convierte a tus ojos en un cateto…

—Bueno… Digamos que no… —responde Selena, sonriendo.

—¿Y qué estudiaste, si no es mucho preguntar? —pregunta Miguel Alvarado.

—Empecé Ciencias del Deporte. Quería ser profesora de Educación Física, pero lo dejé, por una historia larga de contar.

cateto	tölpelhaft, ungehobelt
picado	eingeschnappt
ϟ de lo lindo	viel, sehr, ordentlich

—Supongo que no tendrías ningún problema con las pruebas físicas para la oposición al cuerpo nacional de policía…

—Tú lo has dicho. Ningún problema. Me parecieron demasiado fáciles —contesta Selena, con orgullo—. ¿Tú cómo las viste?

—Uff, prefiero no recordarlas. Sufrí de lo lindo —dice Miguel.

Ejercicio 5: Sustantivos. Lesen Sie weiter und leiten Sie die Substantive aus den Verben ab!

La **1.** llegar ____________ de los agentes se produce a las once y cuarto de la mañana, unos minutos después de la hora habitual del curso de **2.** escribir ____________ creativa que **impartía** Pedro José Díaz. Una docena de estudiantes espera fuera del aula. Para la **3.** abrir ____________ y **4.** cerrar ____________ de las puertas se necesita una tarjeta personal que sólo está en **5.** poseer ____________ de los profesores. Los alumnos ignoran el **6.** asesinar ____________ de su profesor y en sus **rostros** se refleja la **7.** extrañar ____________ por la **8.** tardar ____________ de Pedro José Díaz, que se caracterizaba por su puntualidad.

—¿Estará enfermo? —pregunta una chica con pelo corto y gafas con **montura** de color rosa.
—Si es así podría haber avisado antes, ¿no? Si lo llego a saber me quedo en casa —dice otra muchacha, de larga cabellera castaña y lisa, los labios pintados y visiblemente maquillada.
—¿Sois los alumnos de Pedro José Díaz? —pregunta Selena Millas.
—Sí. ¿No va a venir hoy?

—No. Y no volverá a venir. Desgraciadamente, el profesor Díaz ha fallecido este fin de semana —les informa Selena.

El **estupor** y la **incredulidad** se apoderan de los alumnos. Algunos sólo pueden preguntar cómo es posible, otros se quedan sin palabras, y alguna chica no puede contener el llanto.

—Estamos investigando las circunstancias de su muerte. Tenemos razones para pensar que podría tratarse de un homicidio —prosigue la agente Millas—. Puesto que sois sus alumnos, queremos saber si conocéis alguna información que pudiera ayudarnos.

impartir	erteilen
rostro *m*	Gesicht
montura *f*	Fassung, Gestell
estupor *m*	Verblüffung
incredulidad *f*	Unglaube
desencanto *m*	Ernüchterung
ronco	heiser, rau
poblado	*hier*: dicht

Para **desencanto** de los agentes, los estudiantes se limitan a decir que era muy buen profesor, pero que sólo le conocían de las clases de esta asignatura. Había llegado hacía poco y no habían tenido trato con él fuera de las clases.

—De acuerdo. Os dejamos unas tarjetas con un teléfono al que podéis llamarnos si recordáis algo que pudiera ser de ayuda —les dice Miguel Alvarado.

Después de permitir que los estudiantes se marchen, Selena no puede disimular su disgusto.

—Esto ha sido una pérdida de tiempo. Qué torpes hemos sido. Deberíamos haberlos interrogado uno por uno…

—Quizás tengas razón. Yo lo pensé —comenta Miguel.

—¿Lo pensaste? ¿Y por qué no dijiste nada? —pregunta Selena, con rabia.

—Señorita, señor… —de repente, una voz **ronca** les interrumpe. Un hombre de edad mayor que la del grupo de estudiantes, con una larga melena y **poblada** barba se ha acercado a ellos.

—¿Sí? ¿Qué quería, quién es usted? —pregunta Selena, aún irritada y algo nerviosa.

—Me gustaría hablar con ustedes. Yo era amigo de Pedro. No puedo creer aún lo que han dicho que ha ocurrido.

—¿Cuál es su nombre? ¿Es estudiante?

—Me llamo Eusebio Expósito, aunque todos me llaman Use. Yo iba a la clase de Escritura creativa. No estudio Filología, ya soy algo mayor para eso, pero asistía como **oyente** porque siempre era un placer escuchar a Pedro.

Ein **taller** bezeichnet zumeist einen Ort für kunsthandwerkliche oder technische Arbeit, z. B. eine (Auto-/Keramik-)Werkstatt oder ein Atelier. Hier ist jedoch ein wissenschaftlicher, kreativer Kurs mit mehreren Teilnehmern gemeint.

—¿Se conocían desde hace mucho? —pregunta Alvarado.

—Nos conocimos hace siete años, en un taller(i) de traducción literaria, impartido por el profesor Rovira. Luego él fue nombrado lector en Francia, estuvo contratado por una editorial en Barcelona... Pero siempre mantuvimos el contacto.

—¿Sabe si la víctima tenía enemigos en la facultad? —pregunta Selena Millas.

—Ahí iba yo. Miren, ese taller hacía una labor muy útil, pero **terminó como el rosario de la aurora**. Pedro era el discípulo **predilecto** del catedrático Andrés Rovira, pero **riñeron** y Pedro fue **expulsado** del taller. Casi **llegan a las manos**. Por eso me sorprendió cuando supe que iba a dar una clase en la universidad, pues yo

oyente *m/f*	Zuhörer(in)
terminar como el rosario de la aurora	ein böses Ende nehmen
predilecto	Lieblings-
reñir	streiten
expulsado	ausgeschlossen
ϟ llegar a las manos	handgreiflich werden
ϟ hacer la cruz	mit jmd. brechen
implicado	verwickelt

pensaba que le **habían hecho la cruz** para siempre. Rovira le odiaba, y él manda mucho aquí.

—¿Usted piensa que Rovira puede estar **implicado** en su muerte?

—Espero que no. Pero tampoco pondría la mano en el fuego por él —afirma Eusebio.

Selena y Miguel preguntan en conserjería por los horarios de tutorías del catedrático Rovira.

—Él viene sólo los jueves. Este semestre tiene sólo clases los jueves por la mañana, de diez a doce, tutorías inmediatamente después de las clases —les informa una señora mayor, con rostro de aburrimiento.

Ejercicio 6: Pasiva. Formulieren Sie die Sätze im Passiv!

1. Sólo los profesores pueden abrir y cerrar las puertas.

____

2. Miguel descubrió algo que no sabía sobre Selena.

____

3. Rovira excluyó a Pedro José Díaz del taller.

____

4. El Gobierno decidió la construcción del Campus de Guajara.

____

____

—¿Puede decirnos su dirección? —pregunta el agente Alvarado.
—Él tiene dos domicilios. Un apartamentito en La Laguna, muy cerca de la facultad, y su casa grande en La Orotava. Durante la semana suele estar allí. Aquí les apunto la calle y el número.
—Vaya, parece que vamos a hacer una pequeña excursión —dice Miguel, después de dar las gracias y despedirse de la conserje—. Nunca estuve en La Orotava. ¿Vale la pena?
—¡Estás de broma! ¡Es uno de los sitios más bonitos de Tenerife! —exclama Selena, sorprendida—. Ay, de verdad los grancanarios no sabéis nada de nuestra isla…

De La Laguna a La Orotava hay apenas media hora de coche. Se transita por una carretera que bordea el **litoral**, cruza hermosos pueblos como Tacoronte y permite ver llamativas playas. Las hay de arenas negras, como la Playa de la Arena, de aguas tranquilas o de aguas de gran **oleaje**, como las de Punta Brava, muy frecuentadas por surfistas. Cuando llevan quince minutos de viaje, Selena escucha un ruido inconfundible.
—Vaya, ¿tienes hambre? Me ha parecido que te suenan las tripas —le dice a Miguel.
—La verdad es que casi no he desayunado, pero no importa, ya comeremos después de hablar con Rovira.
—Se me ocurre algo mejor. Conozco un sitio que te va a gustar, y además sirven muy rápido. Está junto al Mirador de Humboldt[i]. ¿Tampoco has oído hablar de él? ¡Pero qué cosas os enseñan en la escuela en Gran Canaria! —exclama Selena, fingiéndose escandalizada.
Pocos minutos después, Selena aparca el coche junto a un peque-

Als sich Alexander von Humboldt im Juni 1799 auf dem Weg zum Teide befand, gönnte er sich eine Rast in La Orotava. In Gedenken an seinen Aufenthalt kann man heute vom **Mirador de Humboldt** aus den atemberaubenden Blick über das Orotava-Tal genießen.

ño restaurante que **presume de** "comidas caseras". La dueña del restaurante, una mujer gruesa y con la cara muy roja, saluda cariñosamente a la agente Millas.

—¡Selena! ¡Cuánto tiempo sin verte!

—¡Petri, qué alegría verte! No sabía si estarías aquí. Mira, este es Miguel, compañero de trabajo. Hoy tenemos un poco de prisa.

—No te preocupes, cariño. ¿Qué va a ser, lo de siempre?

—Desde luego. Quiero que este grancanario pruebe el mejor potaje canario y el mejor gofio del archipiélago[i].

> Der **puchero canario** ist das Aushängeschild der kanarischen Küche. Der Eintopf besteht aus Kichererbsen, gepökelten Schweinerippchen, einem Maiskolben, Kohl, Kürbis, Kartoffeln und Safran. Auf andere Weise herausragend ist **gofio,** ein traditionelles Mehl z. B. aus geröstetem Mais, das schon den Guanchen als Grundnahrungsmittel diente. Die Mehlspeise gibt ein köstliches Frühstück.

Poco después, la camarera Petri les sirve dos platos humeantes y dos **cuencos** con el gofio. Cuando lo prueba, el agente Alvarado tiene que dar la razón a su compañera.

—Tenías razón, el mejor gofio que he probado en mi vida.

—¿Y qué me dices del potaje?

—Bueno, ahí no sé qué decirte. Está buenísimo, pero me quedo con el que hace mi madre —contesta Miguel, sonriendo.

Tras tomarse un café, vuelven al coche y en pocos minutos llegan a La Orotava.

litoral *m*	Küste
oleaje *m*	Wellengang
presumir de	mit etw. werben, angeben
cuenco *m*	Schüssel
entrecano	grau meliert
ojeras *f pl*	Augenringe

Rovira vive en una céntrica casa, rodeada por un hermoso jardín. Les abre la puerta un hombre de unos sesenta años, calvo y con un bigote **entrecano**. Está bastante delgado y muestra aspecto de estar agotado, con marcadas **ojeras**.

Ejercicio 7: ¿Verdadero o falso? Welche Sätze sind richtig? Kreuzen Sie an!

1. Selena Millas es licenciada en Ciencias del Deporte. ❐
2. El gofio es una comida de origen árabe. ❐
3. Eusebio está convencido de que Rovira es el asesino. ❐
4. El Tacoronte es un volcán insular tinerfeño. ❐
5. Muchas playas de Tenerife tienen arena negra. ❐

—Buenos días. Supongo que son de la policía.
—¿Cómo lo sabe? —pregunta Miguel Alvarado, algo sorprendido.
—Me he enterado esta mañana de lo de Pedro. Qué horrible. Aún me cuesta creerlo —dice, con un ligero **temblor** en la voz—. Pero pasen, por favor.
Andrés Rovira guía a los agentes hacia un enorme salón, con dos grandes ventanales, estanterías **repletas** de libros hasta el techo y varios cuadros de pintores **vanguardistas**.
—Tenemos entendido que usted y la víctima no **estaban en los mejores términos** —comienza Selena Millas.
—Tuvimos un enfrentamiento grave hace años, es cierto. Él siempre ha sido un rebelde y supongo que yo no debía haberle dado tanta importancia. Había empezado a **difamarme** a través de su blog, a difundir falsedades sobre el taller de traducción en el que él había aprendido tanto.
—Nos han dicho que usted le expulsó del taller.
—Él se fue por su cuenta antes de que yo pudiera decirle nada. Y sí, luego dije cosas de él de las que **me arrepiento**. Soy una persona

de carácter fuerte y cuando **me acaloro** me voy de la lengua. Pero nunca le habría hecho daño.

—¿Dónde estaba usted la tarde del último sábado? —le **espeta** Selena Millas.

—Estaba en casa, leyendo —responde Rovira con calma.

—¿Puede alguien **corroborar** su **coartada**? —pregunta Selena.

—No. Estaba solo.

—Veo que hay varios retratos de una mujer joven —interviene Miguel Alvarado—. ¿Es su hija?

—Sí, Leticia. Vive en Inglaterra. Ha tenido que irse allí a ganarse la vida. Para que luego digan algunos que tengo poder, que tengo influencias…

—¿Y dónde está su esposa? —prosigue Alvarado.

—Estamos separados desde hace un año. Natalia se quedó con el piso en La Laguna, y yo con esta casa.

—Como comprenderá, el hecho de que no haya nadie que pueda apoyar su coartada no le ayuda precisamente…

—Lo sé. Pero les diré, aunque esto era algo que sólo él y yo sabíamos, que Pedro José y yo habíamos hecho las paces. Fue toda una sorpresa cuando recibí su llamada y me propuso que nos viéramos, hace unas dos semanas. Pasamos una tarde muy agradable. Volvía a ser aquel chico sensible, dotado como pocos para la poesía. El mejor discípulo que he tenido —termina Andrés Rovira, ligeramente emocionado.

temblor *m*	Zittern
repleto	voll
vanguardista *m/f*	Avantgardist(in)
ϟ no estar en buenos términos	sich nicht gut verstehen
difamar	in Verruf bringen
arrepentirse	bereuen, bedauern
acalorarse	sich aufregen
espetar	nachhaken, bohren
corroborar	bestätigen
coartada *f*	Alibi

—Aunque usted sea uno de los principales sospechosos, nos gustaría saber si cree que podría haber alguien con razones para atentar contra la vida de Pedro José Díaz —dice Selena.

genio *m* tutelar	Schutzgeist
de oídas	vom Hörensagen
movida *f*	*hier*: Szene

—Pedro andaba con amistades poco recomendables. Ya sabrán que era homosexual, pero es que además se buscaba gente peligrosa. Creo que le gustaban las prácticas sadomasoquistas, vamos, que le pegaran. Miren, es algo que me vino a la cabeza nada más conocer la noticia. Uno de los **genios tutelares** de su poesía era Pier Paolo Pasolini, y no me extrañaría que él hubiera acabado como el italiano, asesinado por uno de sus compañeros de una noche.

—¿Conoce usted a alguno de esos compañeros?

Ejercicio 8: Palabra escondida. Finden Sie das jeweils passende Synonym und enträtseln Sie das Lösungswort!

1. agredir ___ ___ ___ ☐ ___ ___
2. escapar ___ ☐ ___ ___
3. expulsar ___ ___ ___ ☐ ___ ___ ___
4. golpear ☐ ___ ___ ___ ___
5. terminar ☐ ___ ___ ___ ___ ___
6. detestar ___ ___ ___ ___ ☐

Lösung: ☐☐☐☐☐☐

—No conozco demasiado ese ambiente, salvo **de oídas**. Él iba mucho a Gran Canaria, donde era menos conocido. Maspalomas, Playa del Inglés, ya saben que allí hay una gran **movida** gay (i), que él frecuentaba a menudo.

> Gran Canaria hat eine der lebhaftesten Schwulen- und Lesbenszenen Europas. Mehr als eine halbe Million Homosexuelle bereisen jedes Jahr die Insel, viele von ihnen im Mai, denn dann wird der „Gay Pride" in Maspalomas gefeiert.

3 Compañías peligrosas

—Quién nos hubiera dicho que visitaríamos mi isla —comenta Miguel Alvarado con una **sonrisa de oreja a oreja** mientras el avión comienza el aterrizaje sobre el aeropuerto de Gran Canaria.

Nada más salir del avión, los dos agentes toman el coche puesto a su disposición por la policía de Gran Canaria y toman el desvío hacia la autopista GC1, dejando atrás las localidades de Ingenio, Agüimes y Vecindario. En menos de media hora llegan a San Agustín y poco después a Maspalomas. A partir de ahí, el tráfico es considerable. Consiguen encontrar aparcamiento a la entrada de Playa del Inglés, desde donde deciden ir a pie. Son las cuatro de la tarde, hace mucho calor y la arena está cubierta de toallas y **tumbonas**, sombrillas y muchísimos bañistas. Miguel y Selena van obviamente **de paisano**, vestidos con camiseta y pantalones cortos.

sonrisa *f* de oreja a oreja	Lachen wie ein Honigkuchenpferd
tumbona *f*	Liegestuhl
de paisano	in Zivilkleidung
risueño	heiter, vergnügt

—¿No te has traído el bikini? —pregunta **risueño** Miguel.

—Sí, lo tengo debajo. Pero no creo que hayamos venido a bañarnos, ¿no?

—Nunca hubiera pensado que ser policía en Tenerife incluyera estas ventajas. ¡Playa en horario de trabajo! —comenta el agente Alvarado, que está eufórico desde que ha pisado su isla.

—Te felicito en este día tan especial —sonríe Selena.

Ejercicio 9: Tiempos verbales. Vervollständigen Sie die Sätze mit Imperfecto de subjuntivo oder Pluscuamperfecto de subjuntivo!

Beispiel: Nunca *hubiera pensado* que *incluyera* esto.

1. Nunca creer - yo ______________ que tener - él ______________ una mansión semejante.
2. Seguro que nunca decir - tú ______________ que escribir - ella ______________ media docena de libros.
3. Nunca esperar - vosotros ______________ que os dar - nosotros ______________ una sorpresa como ésa.
4. Jamás adivinar - vosotros ______________ qué había en la caja si no decir - nosotros ______________.
5. En la vida ocurrir - yo ______________ que poder - él ______________ hacer una cosa así.

Los agentes se sienten un tanto extraños en medio de los veraneantes. Al menos se han permitido quitarse los zapatos y caminan descalzos por las suavísimas arenas de la playa. En el horizonte se ve el famoso faro de Maspalomas, de 55 metros de altura, situado en el punto más meridional de la isla.

—A partir de esas dunas empieza la zona nudista —indica Miguel Alvarado y, ante el gesto de sorpresa de Selena Millas, añade, riendo—: tranquila, es nudista-mixta, no es obligatorio desnudarse.

arcoíris *m*	Regenbogen
raído	abgeschabt
perilla *f*	Kinnbart
consumición *f*	*hier*: Getränk

La caminata resulta larga, pues los chiringuitos o quioscos están muy espaciados.

—¿Reconocerás cuál es el Chiringuito 7? —pregunta Selena.

—Están numerados. Vamos por el 4… —dice Miguel Alvarado.

Tras quince minutos de paseo tranquilo ven un chiringuito sobre el que ondea una bandera arcoíris algo raída. Hay una quincena de personas, charlando y tomando refrescos, con la música bastante alta.

—¡Hola, chicos! ¿Qué queréis tomar? —les pregunta nada más llegar un camarero, calvo y con perilla, con una camiseta de tirantes y unos llamativos bermudas fucsia.

—Para mí un zumo de papaya, lo he visto ahí y me apetece —dice Selena Millas.

In Spanien sollten Sie immer eine **coca-cola** bestellen, um Peinlichkeiten zu vermeiden. **Cola** allein kann „(Warte-) Schlange", „Schleppe", „Leim" und auch „Schwanz" bedeuten, was je nach Milieu anzüglich verstanden wird.

—Pues para mí una coca-cola[i], tengo que refrescarme —dice el agente Alvarado.

Cuando el camarero les trae las consumiciones, aprovechando que no hay otras personas en la barra, Miguel le pregunta:

—Disculpe, ¿conocía a Pedro José Díaz? Creo que solía venir mucho por aquí —comienza.

—Oye, lo primero puedes tutearme, guapo. Me llamo Manolo. Pues con ese nombre, no sé. Quizás si me dices cómo era…

Selena Millas saca una fotografía.
—Pero qué sois, ¿de la policía? —pregunta en un **susurro**.
—Este hombre ha sido seguramente asesinado. ¿Le conocías o no? —pregunta Miguel Alvarado.
—Sí, Pedrito, venía bastante por aquí. ¿Cómo que asesinado? Ay, qué triste, con lo **majo** que era… ¿Y por qué vienen por aquí?
—¿Sabe si aquí solía relacionarse con alguien en concreto?
—Uy, el Pedrito era bastante loca, con esa pinta de tímido que tenía engañaba, pero luego, se iba a las dunas a ver a quién conocía por allí…
—¿Quieres decirnos entonces que no tenía ningún amigo o compañero fijo aquí? —pregunta Selena Millas, un tanto **desalentada**.
—Bueno… —Manolo reflexiona un momento—. Sí, había alguien, pero ahora no está aquí. Porfirio, un dominicano. Suele venir a eso de las siete. No falta —termina con **mueca** de disgusto.
—¿Por qué has puesto esa cara? —pregunta Selena.
—Uff, Porfirio es un mulato que está **de rechupete** pero es un tipo un poco agresivo. De hecho —y aquí baja la voz— creo que le va el sado… Estuvo liado con un amigo mío y por lo visto **se le fue la mano**… Mi amigo le **mandó a freír espárragos**, desde luego. A mí a veces **me toma el pelo** y yo me tengo que aguantar, con lo **enclenque** que soy me da miedo que me **atice**… En fin, vengan dentro de unas horas y le conocerán en persona. Y ahora, si me disculpan, tengo cosas que hacer.

susurro *m*	Flüstern
majo	nett, gut aussehend
desalentado	entmutigt
mueca *f*	*hier*: Grinsen
ϟ **de rechupete**	lecker, zum Anbeißen
irse la mano	*hier*: schlagen
ϟ **mandar a freír espárragos**	zum Teufel jagen
ϟ **tomar el pelo**	sich über jmd. lustig machen
enclenque	schwächlich
atizar	schlagen

Durante las siguientes horas, Pedro y Selena recorren otros chiringuitos preguntando por Pedro José Díaz, pero no **se topan con** nadie que le haya conocido. Incluso tienen tiempo para merendar en otro chiringuito y tomar un poco el sol. A las siete y cuarto de la tarde regresan al Chiringuito 7. Nada más llegar, Manolo se les acerca y, mientras en voz alta les pregunta qué desean, con la mirada les señala hacia el otro lado de la barra y les susurra.
—Es él —les dice, con un ligero temblor en la voz.

Ejercicio 10: Adjetivos. Lesen Sie weiter und ordnen Sie die Buchstaben zu sinnvollen Wörtern!

Porfirio es un joven **1.** cartavoit ____________, muy moreno de piel, alto y **2.** rodonfi ____________. Frente a lo **3.** blodhara ____________ del camarero Manolo, él es muy **4.** lladcao ____________, un hombre de pocas palabras. Se le nota tenso, **5.** zacussip ____________, como si hubiera sufrido una grave decepción y no pudiera confiar en nadie. Sus profundos ojos **6.** crosuso ____________ lanzan una mirada a veces **torva**, otras **7.** slesdnocaoad ____________.

—Perdona, ¿eres amigo de Pedro José? —le pregunta Miguel Alvarado.
—Yo no soy amigo de ese cobarde, desgraciado… —dice Porfirio con rabia—. No me hables, para mí ese hijo de puta está muerto.

—Desde luego está muerto —responde Alvarado—. Por eso estamos aquí, ya que al parecer tú tenías una relación con él.
—¿Cómo? ¿Pedrito muerto? —pregunta Porfirio, con el rostro **lívido** y la voz temblorosa—. Nooo… No puede ser verdad.

toparse con alguien	jmd. treffen
torvo	furchteinflößend
lívido	blass
como alma que lleva el diablo	als ob der Teufel hinter jmd. her wäre
dar el alto	zum Anhalten auffordern
arrojarse sobre	sich stürzen auf
ϟ zorra *f*	Schlampe
ϟ mamarracho *m*	Idiot, Flasche
aullar	heulen
esposar	Handschellen anlegen

—Lo es, venga con nosotros, tenemos que hacerle unas preguntas —le dice Selena Millas.
—Mejor pregunten a aquél —dice Porfirio, señalando hacia el fondo del chiringuito para distraer momentáneamente a los agentes y salir a correr **como alma que lleva el diablo**.
—¡Pero será! —grita Miguel—. ¡Vamos, que no se pierda entre las dunas!
Porfirio corre rápidamente hacia las dunas altas, donde, piensa, podrá desorientar a sus perseguidores. Miguel le **da el alto** y hace un par de disparos al aire, pero él no se detiene. Selena, en cambio, demuestra su pasado de deportista y corre velozmente hasta que lo alcanza y **se arroja sobre** él.
—¡Déjame, **zorra**! —grita Porfirio, empujándola.
—¡Ni se te ocurra tocarla, **mamarracho**, o disparo! —ordena Miguel.
—¡Déjenme en paz, por Dios! —**aúlla** Porfirio—. ¡Bastante tengo con que se haya muerto mi Pedrito!
Los agentes se llevan **esposado** a Porfirio. Un par de horas más tarde, en la comisaría de Maspalomas, se muestra más tranquilo y colaborador. Les cuenta que Pedro José Díaz y él fueron pareja

durante casi medio año, que practicaban juegos sadomasoquistas, que él le ataba las muñecas a Pedro José y que le **fustigaba**.

—Eso explica las marcas en las muñecas y las heridas en la espalda —comenta Miguel Alvarado—. Pensábamos que había sido torturado.

—Era una tortura placentera... —dice Porfirio y, ante la mirada **reprensiva** de los agentes, añade—: ¿Qué problema hay? Entre adultos, si hay consentimiento mutuo...

—Si disfrutaban tanto, ¿por qué terminó la relación?

Porfirio respira hondo antes de continuar, en tono **abatido**.

Ejercicio 11: Antónimos. Ordnen Sie die Gegensätze einander zu!

1. ☐	majo	a) enclenque
2. ☐	osado	b) oscuro
3. ☐	lívido	c) lacónico
4. ☐	fornido	d) torvo
5. ☐	hablador	e) cobarde

—Miren, yo tengo un defecto: soy muy celoso, y no aguanto ciertas cosas. Pedro me dijo que le iba a visitar un amigo de Barcelona, que se iba a quedar en su casa y que no le molestara durante una semana... Conociéndole, no podía ser sólo "un amigo", y a mí no se me engaña.

—¿Dónde estaba la tarde del sábado pasado? —pregunta Selena.

—Pues donde hoy, en la playa, tomando el sol, en el Chiringuito, ¿dónde iba a estar un sábado?

—¿No estuvo en Tenerife? —pregunta Miguel Alvarado.
—¡Qué va! He estado sólo dos veces en mi vida en esa isla. Era siempre Pedro quien venía a mi casa.

Aunque el móvil de Pedro José Díaz ha desaparecido, la compañía telefónica les **suministra** los datos de las últimas llamadas. En los días previos a su muerte, hay varias llamadas realizadas a un móvil que pertenece a Jordi Durán, residente en Barcelona. Los agentes deciden llamar al catedrático Rovira para averiguar la identidad de esta persona.
—¡Claro, Jordi! Un gran amigo mío. Un magnífico editor, estuvo justo la semana pasada presentando un libro en La Laguna.
—¿La semana pasada? ¿Cuándo volvió a Barcelona?
—El domingo, lo sé muy bien, pues le acompañé al aeropuerto…
—¿Sabe dónde estuvo su amigo el sábado? —pregunta Miguel Alvarado.
—No, la verdad. Yo quería descansar, creo que me dijo que vería a algún amigo.
—¿A Pedro José Díaz, por ejemplo?
—No, a él no creo. Habían tenido una grave discusión hace tiempo. Jordi también participó en el taller de traducción y sufrió los **desplantes** y las **insolencias** de Pedro. Jordi **no le tragaba**, no le podía ni ver… Espere, no vayan a pensarse nada raro. Jordi no mataría a una mosca…
—No se preocupe, no pensamos nada raro. Gracias por su ayuda —dice Selena Millas y, cuando ha colgado el teléfono, mira a Miguel Alvarado—: parece que nos espera un viaje a Barcelona.

fustigar	peitschen
reprensivo	tadelnd
abatido	niedergeschlagen
suministrar	liefern
desplante *m*	Dreistigkeit
insolencia *f*	Unverschämtheit
no tragar a alguien	jmd. nicht ertragen

Ejercicio 12: Crucigrama. Lösen Sie das Kreuzworträtsel!

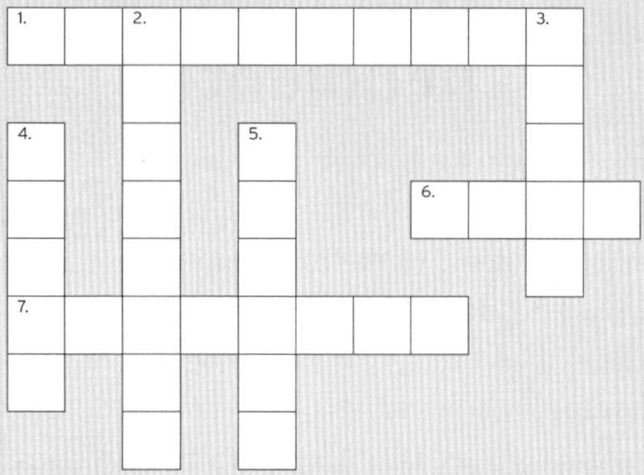

1. Porfirio era de nacionalidad ...
2. Es un placer pasar la tarde en la playa y ... unas papas con mojo en un chiringuito.
3. En las playas de Tenerife no es raro que la ... sea negra.
4. Nadie quiere cargar con la ... de la muerte de Pedro José Díaz.
5. Selena tuvo que ... muy rápido para atrapar a Porfirio.
6. Todos los alumnos de Pedro José Díaz sienten mucha ... por lo ocurrido.
7. El catedrático Rovira negaba ser tan ... como dice la gente.

4 Una cuenta pendiente

El vuelo desde Tenerife a Barcelona dura poco más de tres horas. Hace un espléndido día soleado cuando el avión que lleva a los agentes Millas y Alvarado aterriza en el aeropuerto del Prat. Como llevan sólo equipaje de mano, se dirigen enseguida al autobús que les lleva hasta Plaza de Catalunya.

bullicioso	hektisch, lärmend
de mala gana	ungern, widerwillig

—Tenemos aún tiempo hasta la presentación —dice Miguel—. Son las seis y cuarto y no empieza hasta las siete. Podemos dar un paseo tranquilo hasta la librería.

—Me parece muy bien. Hacía muchísimo tiempo que no pisaba Barcelona —dice Selena, mientras dirigen sus pasos hacia las Ramblas. El famoso paseo está tan animado y **bullicioso** como siempre, con numerosos turistas.

—¿Conoces esa fuente, verdad? —pregunta muy alegre Miguel, señalando a una pequeña fuente bajo una farola.

—Pues supongo que es la Fuente de Canaletas (i), ¿no? —contesta Selena **de mala gana**—. ¿Eres del Barça?

—Primero soy de la Unión Deportiva Las Palmas, pero inmediatamente después del Barça, ¡por supuesto! —afirma el agente Alvarado—. ¿A ti te gusta el fútbol?

> An der **Fuente de Canaletas**, katalanisch **Font de Canaletas**, treffen sich regelmäßig die Fußballfans des FC Barcelona, um die Siege ihrer Mannschaft zu feiern.

—Sí, me gusta, pero soy del Club Deportivo Tenerife, en primer lugar, y después, por supuesto, del Real Madrid —responde, con mirada **retadora**.

—Vaya, tampoco en eso coincidimos —comenta Miguel, decepcionado.

Cuando llegan a la Librería Central del Raval, la presentación del libro ha comenzado. Jordi Durán, como editor, elogia la obra de un joven poeta barcelonés. Se trata de un hombre de aproximadamente cincuenta años, con el pelo entrecano y ojos azules. Los agentes deciden esperar a que termine el acto y, entonces, se acercan a él.

retador	herausfordernd
rencor *m*	Groll

—Disculpe, nos gustaría hablar un momento con usted. Se trata de Pedro José Díaz...

—Ah, sí, una desgracia terrible —dice el editor, que hace un gesto a sus acompañantes para que le dejen solo con los agentes—. ¿Se ha descubierto algo?

Ejercicio 13: Imperativo. Lesen Sie weiter und vervollständigen Sie die Sätze mit den Imperativformen!

–No mucho. 1. Decir - usted ____________________ la verdad. ¿Era usted amigo o enemigo de la víctima? 2. Aclararlo - usted ____________________, pues mientras un amigo de Pedro José dice que usted iba a alojarse en su casa, el profesor Rovira afirma que no se tragaban mutuamente.

– **3.** No confundirse - vosotros ________________. Andrés tenía razón, no nos podíamos ni ver. Pero hace un mes, un antiguo enemigo mío me llamó y me dijo unas palabras que no olvido: " **4.** Venir - tú ________________ a verme. Me estoy muriendo de cáncer. **5.** No dejar - tú ________________ que me vaya mientras aún hay en este mundo gente que me odia". Y me di cuenta de que la vida es muy corta y no tienen sentido esos **rencores**. **6.** Oírme - vosotros ________________, mi discusión con Pedro fue por una tontería. Él es muy orgulloso pero estuvo encantado de hacer las paces. Luego nos vimos en Tenerife, y lo pasamos muy bien, la verdad.

—¿Cuándo se vieron ustedes? —pregunta Selena Millas con voz severa.

—El jueves por la tarde. Y ahora que lo dice, es cierto que cuando estuve con Andrés, el martes y el miércoles, no le dije nada porque pensaba que él seguía enfadado con Pedro José. Luego él me dijo que había hecho las paces con su antiguo maestro. Al menos es un consuelo saber que nos perdonamos mutuamente antes de esa horrible tragedia.

—¿Dónde estaba usted el sábado por la tarde? —le pregunta Miguel Alvarado.

—Estuve en Santa Cruz, visité el Palmetum. No lo conocía. Impresionante.

—¿Puede alguien confirmar su coartada? —pregunta Miguel.

—Vaya, coartada, no sabía que fuera sospechoso. Pero estuve con un amigo. Eusebio Expósito se llama. Es un músico y traductor, que era también amigo de Pedro.

—Lo comprobaremos. Mire, usted dice que estuvo con Pedro el jueves, pero en su móvil había varias llamadas efectuadas el viernes. ¿Puede explicarnos por qué le llamó, qué hablaron?

Der 2014 gegründete Park **Palmetum de Santa Cruz de Tenerife** ist ein botanischer Garten, der weltweit die größte Palmensammlung beherbergt.

—Es triste, pero no cogí el teléfono. La verdad, estaba con una amiga a la que no veía desde hace tiempo y... en fin, no me apetecía hablar con él en ese momento.

cubrir las espaldas	jmd. decken, schützen
prorrumpir	herausplatzen

—¿No le llamó luego?

—No, porque él me envió un mensaje. Me decía que esperaba que estuviera bien y que finalmente no podríamos vernos el sábado porque había quedado para hacer una excursión en el Teide... "Ya te contaré", decía al final. Pero nunca me contó.

—De acuerdo. Vemos que le están esperando y le hemos ya ocupado mucho tiempo. De momento no tenemos más preguntas.

Los agentes se despiden de Jordi Durán y salen de la librería al Barrio del Raval caminando por el Carrer del Bonsuccés de vuelta a las Ramblas.

—¿A quién creemos? —pregunta Miguel Alvarado—. Eusebio Expósito quiso desviar desde el principio nuestras sospechas hacia el profesor Rovira, y ahora sería precisamente él quien estaría **cubriendo las espaldas** de Jordi Durán. Qué casualidad.

—Está claro que Pedro José fue al Parque Nacional del Teide con una persona que conocía. No fue Porfirio, pero no sabemos si fue Andrés Rovira, Jordi Durán u otro... —dice Selena.

—Puede incluso que fuera alguien que acababa de conocer...

Selena queda callada un momento y, de repente, **prorrumpe**:

—¡Ya está! Se me ha ocurrido una idea. No perdemos nada por probar. Mañana a primera hora volvemos a Tenerife. Voy a enseñarte el Parque Nacional del Teide.

—Vale, pero, al menos, déjame que te invite a cenar en Barcelona. No vamos a irnos aún al hotel, ¿no?

—¡Claro que no!

Ejercicio 14: Traducción. Übersetzen Sie!

1. Die Landung erfolgte pünktlich.

____

2. Es war Jordis Idee, sich mit Pedro José zu versöhnen.

____

3. Selena wurde von Miguel zum Abendessen eingeladen.

____

4. Sie wissen nicht, ob sie das Alibi von Jordi Durán glauben sollen.

____

Nada más **despegar** el avión, Miguel **cae rendido** y duerme durante casi todo el vuelo. La noche anterior, él y Selena se acostaron más tarde de lo previsto. En cambio, ella no es capaz de **conciliar el sueño**, y está visiblemente nerviosa.

—¿Qué es lo que te **reconcome**? —le pregunta Miguel al despertarse y descubrirla con la mirada fija en el asiento, comiéndose las uñas.

—Este caso está **estancado**, no avanza nada... —dice ella.

—Desde luego, más bien **retrocede** —confirma el agente Alvarado, mientras **bosteza**.

—Sea quien sea el asesino de Pedro, es casi seguro que cometió su crimen sin testigos. Tenemos algunos sospechosos pero en cualquier juicio serían **absueltos** por falta de pruebas.

—¿Y cuál es tu plan? Todavía no me has dicho por qué vamos a ir al Teide...

—Luego te cuento. Aprovecha para descansar, tú que puedes.

Media hora después aterrizan en el aeropuerto de Tenerife. Nada más salir del avión, Selena llama al comisario Morales y le pide que le envíe por correo electrónico fotografías recientes de la víctima, de Andrés Rovira, Jordi Durán, Porfirio Vaqueriza y Eusebio Expósito. Cuando llegan al aparcamiento, Miguel, viendo las ojeras y el mal aspecto de su compañera, se ofrece para conducir.

—Oye, mejor me pongo al **volante**, tú estás demasiado cansada.

—De acuerdo, yo te guío, el camino no es difícil.

despegar	*hier*: abheben
caer rendido	der Erschöpfung erliegen
conciliar el sueño	einschlafen
reconcomer	wurmen, ärgern
estancado	stagnierend
retroceder	zurückführen
bostezar	gähnen
absuelto	freigesprochen
volante *m*	*hier*: Steuer
parabrisas *m*	Windschutzscheibe
capota *f*	Autoverdeck
arrancar	starten
caja *f* **de cambios**	Gangschaltung
palanca *f*	Schaltknüppel

—Oye, qué sucio está el parabrisas del coche... y la capota no luce tampoco muy limpia... —comenta Miguel.
—Bueno, no vamos a ir a lavarlo ahora, ¡arranca ya! —dice Selena.
—Tranquila, no me metas tanta prisa o vas a conducir tú —replica él, algo malhumorado—. En serio, tenemos que decir algo al comisario sobre el mantenimiento del coche, la caja de cambios tampoco va del todo bien, la palanca no se maneja bien.
Una vez han tomado el desvío hacia la carretera de La Esperanza, llamada así por la principal localidad que atraviesa, Selena Millas se calma un poco y cuenta a Miguel su plan.
—Es probable que no sirva para nada puesto que seguramente el asesino procuró que no le vieran con quien iba a ser su víctima. Pero cerca del lugar del crimen sólo hay un restaurante. Hoy es sábado, y debería estar el mismo personal que la semana pasada.
—¿Y crees que van a acordarse de Pedro y de su acompañante, con toda la clientela de turistas que tendrán?
—¿Y qué otra opción nos queda? ¿Tirar la toalla y dejar que dentro de unos años se archive el caso?

Al cabo de un rato Selena señala el horizonte.
—Ya estamos llegando. ¿La ves, no? La montaña sagrada (i)...

> Für die Guanchen war der Teide heilig, weil sie glaubten, in seinem Innern lebe Guayota, der Gott des Meeres ihrer Mythologie.

Cuando llegan al restaurante Cañada del Teide aún hay pocos clientes, apenas algunos turistas suecos. Es la una menos cuarto, una hora temprana para almorzar en España.
—Hola, ¿qué desean? —les pregunta una camarera joven, con larga cabellera de pelo moreno y rizado.
—Pues un barraquito —dice Miguel.
—Un café solo, con hielo —responde Selena y, a continuación, dice—: mire, estamos investigando un crimen. ¿Usted trabajó aquí el sábado pasado?

—Sí, era mi **turno**, ¿por qué? —pregunta la muchacha, asustada.
—¿Podría echar un vistazo a estas fotografías? —le pregunta Selena, mientras en su móvil le muestra las imágenes de la víctima y los posibles sospechosos. La camarera mueve la cabeza, denegando, cuando de repente exclama:
—¡Ése sí! —señalando la foto de Andrés Rovira—. Uy, qué tío más **plasta**, protestando todo el tiempo. Me pidió que le pasaran dos veces más el **solomillo**. Que estaba poco hecho, decía. Vamos, lo quería casi quemado…
—¿Está segura de que era él? —pregunta Selena, ilusionada.
—Uy, sí, no se me olvida, con ese bigotillo y esa pinta de **amargado**. Oiga, y ahora que lo dice, el otro, no, no ése, el joven de gafas y con perilla iba con él. Sí, sí, vamos, tan seguro como que me llamo Yolanda, eran ellos, estuvieron almorzando aquí.
—Parece que Andrés Rovira tendrá que explicarnos algunas cosas —comenta Miguel Alvarado.

turno *m*	Schicht
ϟ **plasta** *m/f*	Nervensäge
solomillo *m*	Steak
amargado	verbittert
demudado	schockiert
musitar	flüstern, murmeln
empecinarse en	stur auf etw. bestehen
guardabarros *m*	Kotflügel
ADN *m*	DNA
sollozar	schluchzen

—Vaya, ustedes otra vez —les recibe Rovira, con gesto sorprendido—. ¿Han averiguado algo sobre el caso?
—Sí. Va a tener que explicarnos qué hacía con Pedro José Díaz en el restaurante La Cañada del Teide, el día de su asesinato.
El rostro de Andrés Rovira queda **demudado** y pálido.
—¿Quién les ha dicho eso? —pregunta, con voz temblorosa.
—La cámara de seguridad del restaurante —miente Selena Millas, ante la sorpresa de Miguel Alvarado.

Ejercicio 15: Verbos. Ergänzen Sie die Gegenteile!

1. aterrizar ____________________
2. frenar ____________________
3. descubrir ____________________
4. absolver ____________________
5. retroceder ____________________

—Exijo un abogado… —**musita** el profesor Rovira.
—No se preocupe, lo tendrá. Pero le advertimos que si confiesa la pena puede ser sustancialmente menor que si **se empecina en** negar su crimen —le explica el agente Alvarado con voz severa—. De momento, su coche va a ser confiscado. Apuesto a que encontraremos tierra volcánica en los **guardabarros** y, desde luego, trazas de **ADN** de la víctima en los asientos.
En ese momento, Andrés Rovira se siente tan abatido que tiene que sentarse en el suelo. Con la frente apoyada en las manos, como hablando consigo mismo, **solloza**:
—No debería haber ocurrido… Estaba todo tan bien… Paseando por el Llano de Ucanca, a la sombra del Teide, como cuando tenía veinticinco años y hablábamos de crear una poesía que reflejara ese paisaje único. Yo sólo quería ayudarle, darle un consejo, pero él siempre fue un rebelde…
—¿Qué consejo era ése? —pregunta Selena.
—¡Que se alejara de esa bestia de Porfirio! ¡Que, si no, acabaría mal! Porfirio es un tipo que ha estado condenado por agresión… Pero él me dijo que quién era yo para dirigir su vida. "Con Porfirio

me lo paso muy bien, sobre todo en la cama. **Apuesto a que** Natalia no podría decir de ti lo mismo". Me dijo que mi mujer me había estado engañando con otro profesor antes de separarnos, lo que no es cierto, yo sé que no es verdad. Le dije que lo retirase y no quiso, se puso a insultarme: "¡Rovira es un **cornudo**, cornudooo!". Yo le dije que callara pero él seguía, no pude aguantarlo, tuve que callarlo. Cogí una roca y le golpeé, dos veces, o tres, ya no sé. No sé qué me ocurrió, yo no quería que eso pasara...

apostar a que	wetten, dass
ϟ cornudo *m*	Gehörnter

Ejercicio 16: Palabra escondida. Übersetzen Sie die Teile des Autos und enträtseln Sie das Lösungswort!

1. Schalthebel _ _ _ _ _ □ _
2. Lenkrad _ □ _ _ _ _ _
3. Handschuhfach _ _ _ _ _ _ _ □
4. Bremse _ □ _ _ _
5. Kofferraum _ _ _ _ □ _ _ _
6. Windschutzscheibe _ _ _ □ _ _ _ _ _ _
7. Kotflügel _ _ _ _ □ _ _ _ _ _ _ _
8. Autoverdeck _ □ _ _ _ _

Lösung: □□□□□□□□

Las huellas del asesino

María Montes Vicente

1 La familia Soler

Al abrir el frigorífico por la mañana, el blanco brillante de sus paredes me **deslumbró** la vista. Otra vez vacío. Otra vez al supermercado. Mientras los niños, **alborotados** como siempre y cargados de energía desde buena mañana, rebuscaban los cereales y la leche, yo sólo podía ver esos estantes vacíos. La voz de Luisa ya resonaba en mi cabeza: "Cariño, esta tarde sin falta tenemos que ir a comprar. No tenemos jamón york ni queso y ya sabes cómo es la niña con la **merienda**". Como si no pudiéramos comer **chóped**. Por unas o por otras, siempre había que comprar algo. La **equipación** de fútbol de Iván, las zapatillas de Andrea, el sofá nuevo del salón, la **mampara** de la ducha...

deslumbrar	blenden
alborotar	toben
merienda *f*	Pausenbrot
chóped *m*	Bierschinken
equipación *f*	Mannschaftsbekleidung
mampara *f*	Glastür
masticar	kauen
ϟ a su cargo	unter sich
loncha *f*	Scheibe
de antemano	im Voraus
telaraña *f*	Spinnwebe
nómina *f*	Gehalt
desperdiciar	verschwenden
ϟ seguir en sus trece	auf seinem Standpunkt beharren
proveedor *m*	Lieferant

"Empresario"... dicho así, despacio y **masticando** cada sílaba, hacía parecer normal que Luisa quisiera reformar la casa de arriba a abajo y organizar las vacaciones de verano al mismo tiempo. Ella se casó con un autodidacta con negocio propio y empleados **a su** cargo. ¡Cómo no íbamos a jugar al tenis los domingos! Ay, si ella supiera... Y allí estaba, poniendo el café y preparando los bocadillos del almuerzo con la última loncha de jamón york.

—Cariño, esta tarde sin falta tenemos que...
—Sí, ya sé, al súper, ¿no? Aún tenemos salchichón y mortadela. Podemos esperar un par de días — sabía de antemano que esta discusión no me iba a llevar a ningún sitio, pero tenía que intentarlo.
—Siempre estás igual, ¿quieres ir a comprar cuando no tengamos más que telarañas en el frigo? Al final vamos a tener que ir de todos modos, antes o después, qué más te da.
—Estamos a final de mes, los clientes aún no han pagado y yo tengo que empezar a pagar las nóminas. Además, esta tarde me viene fatal, tenemos que terminar un pedido y voy a llegar tardísimo.
—Bueno, bueno, vaya humor que tenemos hoy... Ya iré yo cuando salga de la oficina y lo saco de mi tarjeta. Lo dices como si no tuviéramos dinero. Los niños comen, ¿sabes?
—No es eso. Pero estoy harto de que desperdiciemos comida. En fin, haz lo que quieras.
—Está bien, anda, no te enfades. Venga, niños, daos prisa, que al final llegáis tarde.
Ella seguía en sus trece y yo sólo podía pensar en todo lo que se me venía encima. Los trabajadores, los clientes, los proveedores, el material... Desde que Arturo dejó la fábrica, los gastos se habían multiplicado por mil. Antes, con él y con papá todo era más fácil.

In Mittel- und Nordspanien versteht man unter **almuerzo** das „Pausenbrot". In Südspanien, auf den Kanarischen Inseln und in Lateinamerika bedeutet es dagegen „Mittagsessen". In diesen Regionen gibt es kein besonderes Wort für „Pausenbrot", manchmal behilft man sich mit **tentempié** (Snack), **merienda de la mañana** oder einfach **bocadillo.**

Ejercicio 1: Definiciones. Ordnen Sie den spanischen Wurstsorten die passende Definition zu!

1. ☐ chóped
2. ☐ salchichón
3. ☐ mortadela
4. ☐ chorizo

a) Embutido de cerdo, duro y muy rojo por la cantidad de pimentón que contiene.
b) Embutido muy grueso que se hace con carne de cerdo y de vaca muy picada con tocino.
c) Embutido semejante a la mortadela.
d) Embutido de jamón, tocino y pimienta en grano, prensado y curado, que se come crudo.

Empresa familiar, clientes fijos, buena calidad y precios **asequibles**. Así aguantó más de cien años y así debería seguir. Casa Soler, conocidos en toda la provincia de Alicante. Lástima que mi padre ya no se acordara ni de su propio apellido. Qué listo fuiste, Arturo, **pusiste tierra de por medio** y me dejaste a mí como dueño y señor de una empresa que ya no **se sostiene**. Cierto es que los primeros años agradecí el haberte comprado tu parte. Ahí empezamos las reformas: casa nueva, el colegio de los niños, campamentos de verano... Y, mientras, tú andabas saltando de país en país y sin **ataduras** de ningún tipo. No niego que a veces te **envidiaba**.

—Papá, dame un beso, que nos vamos.

Con un **tirón** de la camisa, Andrea consiguió despertarme de mis pensamientos.

—Adiós, preciosa. Pasa un buen día. Y tú, **chaval**, ¿no te despides ni tan siquiera de tu padre?

—Adiós, papá.

—¡Hasta la noche chicos! Iván, levanta la vista del móvil que te vas a abrir la cabeza.

Ni caso. Es como si tuviera un radar que le avisara de los peligros: escalón, coche, persona. No sé cómo, pero siempre **esquivaba** cualquier obstáculo.

asequible	erschwinglich
↯ **poner tierra de por medio**	das Weite suchen
sostenerse	halten
atadura *f*	Fessel
envidiar	beneiden
tirón *m*	Zerren
chaval *m*	Junge, Bursche
↯ **ni caso**	keine Reaktion
esquivar	ausweichen

—Alberto, ven, siéntate un momento —Luisa me habló desde la cocina.

—Dime.

Ejercicio 2: ¿Verdadero o falso? Welche Aussagen sind richtig? Kreuzen Sie an!

1. Alberto es empleado en la fábrica de zapatos. ☐
2. Luisa quiere ir a comprar. ☐
3. La empresa está pasando por un mal momento. ☐
4. Luisa tiene trece hermanos. ☐
5. Alberto le compró a Arturo parte de la fábrica. ☐

—Siéntate.

—Me tengo que ir, llego tarde. Y tú también. A ver, ¿qué pasa?

—Dímelo tú —insistía ella. Cuando se ponía tan misteriosa, nunca sabía por dónde iba a salir, así que prefería seguir preguntando.

Beim bejahten Imperativ wird das Pronomen immer an die Imperativform angehängt. Dabei erhält der betonte Vokal den Akzent, es sei denn, er liegt gleichzeitig auf der vorletzten Silbe: **siéntate, dímelo, cállate, pregúntaselo** etc., aber: **llamadla, estate, dime** etc.

—¿A qué te refieres?

—¿Te digo que hay que comprar embutido y me sales con que no te han pagado los clientes? ¿Qué es lo que pasa?

—No es nada. Este mes se han retrasado los pagos y estoy un poco nervioso. Eso es todo.

multa *f* **de tráfico**	Bußgeld
doble fila *f*	zweite Reihe
impacto *m*	Einschlag
bala *f*	Kugel
sien *f*	Schläfe

—¿Seguro?

—Sí.

—¿La fábrica va bien?

—Bien, bien... No igual que antes, eso ya lo sabes. Pero no hay por qué preocuparse.

—¿De verdad?

—Sí, estate tranquila. En cuanto lleguen los pagos, ajustaré las cuentas y todo listo. Pero lo de cambiar el baño lo vamos a dejar de momento, ¿de acuerdo?

—De acuerdo.

Me levanté dándole un beso a mi mujer y corrí a ponerme la chaqueta. Cogí las llaves del coche, la cartera y abrí la puerta de la calle. Antes de cerrar, recordé algo importante:

—Cariño, no dejes abierto esta noche porque llegaré tarde.

—No te preocupes.

—No lo hago, pero tú cierra con llave.

—Tú y tus manías. Anda, vete ya. Un beso.

—Un beso.

Ejercicio 3: Imperativo. Ergänzen Sie die Formen des bejahten Imperativs!

	tú	usted
1. traer	________	________
2. conducir	________	________
3. avisar	________	________
4. decir	________	________
5. acostarse	________	________
6. saber	________	________

Al sentarme en el coche, los pensamientos volvieron a mi cabeza. Conducía de manera autómata, sin prestar atención a la carretera. Si lo hubiera hecho, probablemente hubiera escogido otro camino. Sin pensarlo siquiera, me dirigí a la fábrica. Eran muchos años ya. Ese día, sin embargo, no hubiera importado en absoluto. Pocos papeles imprescindibles me quedaban aún en el despacho. De casualidad conseguí ver la luz roja y potente en lo más alto del semáforo. Lo único que me faltaba ahora era una **multa de tráfico**. A pesar de estar parado, la brisa corría a través de la ventanilla bajada del coche. Era agradable sentir el aire fresco en la cara. Sobre todo en esa callecita estrecha, sabiendo que a pocos metros me esperaba la gran avenida, repleta de coches, de ruido y de furgonetas en **doble fila**. Con el viento, logré dejar la mente en blanco por un momento. Un momento demasiado largo.
Lo último que sentí fue un **impacto** seco en la cabeza. Una **bala** acababa de atravesarme la **sien**. No la vi venir, no sé de dónde salió.

El semáforo cambió a verde y mi cabeza cayó desplomada sobre el claxon. Mi vida se fundía a negro y yo sólo[i] podía escuchar ese ruido ensordecedor y taladrante de la bocina de mi coche.

Diskussionsbedarf! Die RAE empfiehlt die Schreibung ohne Akzent, erlaubt ihn dagegen „por costumbre". Falsch ist **sólo** also nicht.

desplomado	*hier*: leblos
claxon *m*	Hupe
ϟ fundirse a negro	schwarz werden
ensordecedor	ohrenbetäubend
taladrante	durchdringend
bocina *f*	Hupe

2 Varias hipótesis

La Policía no tuvo problemas en localizar el lugar del suceso. El sonido del claxon se escuchaba desde varias **manzanas** a la redonda. Más aún cuando en el mismo punto **retumbaban** las sirenas de los coches de los agentes y las de la ambulancia. Llegaron casi al mismo tiempo, aunque el médico de emergencias no pudo más que certificar la muerte del conductor. Un **disparo a bocajarro** y en la base del cráneo. Imposible sobrevivir a algo así. La víctima, casi con seguridad, había muerto **en el acto**.

—Márquez, aparte a toda esta gente. Así no podemos trabajar —la inspectora Palacios no era de esas personas a las que les molesta cualquier mirada curiosa, pero necesitaba un escenario libre de espectadores—. ¿Alguien ha visto algo? ¡Nos hacen falta testigos!

Los agentes consiguieron **desalojar** la zona en pocos minutos, justo antes de que llegara el **juez de instrucción**.

—¿Quién está al mando aquí? —preguntó.

—Soy la inspectora Palacios. Buenos días.

—Buenos días. ¿Qué han averiguado?

—Creemos que ha sido un asesinato. El asesino tuvo que acercarse por detrás mientras el coche estaba parado. El motor sigue encen-

manzana *f*	*hier*: (Häuser-) Block
retumbar	dröhnen
disparo *m*	Schuss
ϟ a bocajarro	aus nächster Nähe
ϟ en el acto	sofort
desalojar	räumen
juez *m* de instrucción	Untersuchungsrichter

dido, probablemente estaba esperando el semáforo. Hemos tomado algunas **huellas**, tendremos que **cotejarlas** con la familia y las personas cercanas a la víctima.

—¿**Barajan** alguna hipótesis?

—Es pronto para decirlo. Posiblemente el asesino quiso robar el coche y la víctima se resistió. Asustado, sólo acertó a llevarse la cartera.

—¿Testigos?

—De momento no. Es una calle poco **transitada**. Mi equipo sigue preguntando, pero por ahora es todo lo que tenemos.

—Bien, voy a dar orden de que **levanten el cadáver** en cuanto ustedes terminen.

huella *f*	Fingerabdruck
cotejar	abgleichen
barajar	*hier*: erwägen
transitar	befahren
levantar el cadáver	den Leichnam obduzieren
vacilar	zögern
doblar	abbiegen

Una hora después, aquel cuerpo sin vida seguía sin nombre. Sin tarjetas de identificación ni ningún contacto claro en el teléfono móvil, los agentes optaron por ser discretos y esperar a que Tráfico [i] les facilitara los datos del vehículo. Con esa información lograron poner el operativo en marcha y comenzar la investigación.

Die **Dirección General de Tráfico (DGT)** untersteht dem spanischen Innenministerium und koordiniert die Verkehrspolitik.

—Debemos hablar con la familia, si la encontramos, y con su banco, si descubrimos cuál es. Lo normal es que llevara tarjetas de crédito, si el asesino utiliza alguna de ellas, lo cogeremos.

—Inspectora, tenemos un testigo que cree haber visto al asesino.

—¿Lo cree o lo ha visto? —preguntó ella bruscamente.

—No puede confirmarlo.

—¿Quién es?

—Aquel chico de allí.

Ejercicio 4: Homónimos. Welche Wörter, die Sie in Kapitel 2 bereits gelesen haben, klingen genauso wie diejenigen, die sich hinter folgenden Definitionen verstecken?

1. Mezclar las cartas antes de repartirlas

   para el juego: _ _ _ _ _ _ _

2. Ser fantástico con busto de mujer y

   cuerpo de pez: _ _ _ _ _ _

3. Fruta roja, verde o amarilla: _ _ _ _ _ _ _

4. Lugar en el teatro donde se representa

   una obra: _ _ _ _ _ _ _ _ _

5. Primera y tercera persona del presente de

   subjuntivo del verbo "callar": _ _ _ _ _

La inspectora se dirigió a él sin **vacilar** un momento.
—Soy la inspectora Palacios, buenos días. Me han comentado que usted vio algo relacionado con el crimen, ¿es cierto?
—No estoy seguro. Vi a un hombre correr a toda prisa y me pareció que llevaba un arma en la mano derecha. Al pasar por mi lado me dio un golpe en el hombro y me giré. Pensé que me había confundido, pero al **doblar** la esquina vi el coche y a ese otro hombre sangrando y… ahora pienso que sí. Creo que llevaba una pistola.
—¿Cómo era ese hombre? ¿Lo reconocería si lo viera?

—Creo que sí. Era un hombre normal. Estatura media, delgado...
—De acuerdo. Tendrá que acompañarnos para intentar realizar un retrato robot. Es importante que piense en cada detalle e intente recordar cualquier cosa que le llamara la atención.

Ejercicio 5: Personajes. Ordnen Sie den Personen das jeweils treffende Adjektiv zu und unterstreichen Sie die richtige Endung!

1.	☐ Alberto	a) misterioso/a
2.	☐ testigo	b) imparcial
3.	☐ asesino	c) intranquilo/a
4.	☐ inspectora	d) desafortunado/a
5.	☐ juez	e) coordinador/a
6.	☐ Luisa	f) oportuno/a

Cuando a las once de la mañana sonó su móvil, lo que menos podía imaginar Luisa era que la llamada procedía de la Policía. Habían conseguido su número a través de la matrícula del coche. Su marido, del que se había despedido hacía escasas dos horas, había sufrido un accidente. Era apenas un primer adelanto de la verdadera noticia, que no se haría esperar. Ni tan siquiera se despidió de sus compañeros. Salió corriendo sin avisar a nadie y sin pensar por qué debía ir a la comisaría y no al hospital. Durante el camino, entonces sí, la duda le rondó la mente más de una vez. Y la respuesta no tardó en llegar. Psicólogos, forenses, agentes de Policía...Todo había pasado tan deprisa que era incapaz de enlazar dos palabras seguidas. Aún con la cara **descompuesta**, la inspectora Palacios se acercó a ella.

—Señora Molina, soy la inspectora Palacios. Le acompaño en el sentimiento.

—Muchas gracias.

—Siento que tenga que pasar por esto, pero es importante que le hagamos algunas preguntas si queremos atrapar al culpable.

—Lo entiendo.

—¿Su marido tenía enemigos?

—¿Cómo? —preguntó sorprendida—. A mi marido lo **han atracado**.

—Esa es nuestra principal hipótesis, pero no podemos **descartar** otras alternativas.

—No, no tenía enemigos —contestó rápidamente.

—¿A qué se dedicaba su marido?

—Tenía una fábrica de zapatos: Casa Soler. Seguramente le suene.

—¿Alberto Soler? ¿Su marido era el **dueño** de la Casa Soler? ¡Claro que lo conozco!, ¿quién no? Y el negocio, ¿cómo iba?

—Bien. Esta mañana Alberto estaba preocupado por un pedido y un atraso en los pagos de los clientes, pero me dijo que no me preocupara.

—¿Cómo de preocupado? —insistió la inspectora.

—Lo normal, a final de mes siempre se pone nervioso.

—Hemos hablado con su banco para que nos informe de cualquier movimiento que haya con las tarjetas. ¿Ha echado algo más en falta entre las **pertenencias** de su esposo?

—No, nada más. En la cartera no llevaría más de 50 o 100 euros, ¿lo han matado por eso?

retrato *m* **robot**	Phantombild
escaso	knapp
rondar	kreisen, schwirren
forense *m/f*	Gerichtsmediziner(in)
enlazar	verbinden
descompuesto	verzerrt
atracar	überfallen
descartar	ausschließen
dueño *m*	Geschäftsführer, Besitzer
pertenencias *f pl*	Habseligkeiten

—Aún no lo sabemos, tenemos que seguir investigando. Muchas gracias por venir. Volveremos a ponernos en contacto con usted.

De nuevo a solas, Palacios reunió a su equipo para recapitular toda la información. Todo apuntaba hacia el móvil[i] del robo y, de momento, con un posible **sospechoso**, aunque sin identificar. El retrato robot aún no estaba terminado y las **pruebas dactilares** y el informe forense todavía tardarían al menos un día, o menos, si **presionaban** al laboratorio.

> **Móvil** ist ein Homonym, d. h. es hat mehrere Bedeutungen. Je nach Kontext kann es „beweglich", „Handy" oder – wie hier im Polizei- bzw. juristischen Jargon – „Motiv" bedeuten.

A la mañana siguiente, la inspectora no tuvo ni que insistir. Márquez y Fuentes, los dos agentes que ayudaban a Palacios en la investigación, la esperaban en la oficina con los resultados del laboratorio.

—¿Han cotejado todas las huellas? —preguntó sin siquiera dejar la chaqueta.

—Sí, hemos descartado a los familiares directos, pero seguimos teniendo unas huellas desconocidas.

—¿No están en el registro?

—No, no pertenecen a nadie que **esté fichado**.

—Las huellas —continuó Fuentes— se han encontrado en la puerta del conductor. Puede que el asesino se apoyara antes de disparar.

sospechoso *m*	Verdächtiger
prueba *f* dactilar	Fingerabdruck
presionar	Druck machen
estar fichado	vorbestraft sein
apuntar	zielen
pista *f*	*hier*: Spur

—¿Y qué tenemos de la autopsia? —preguntó la inspectora.

—El asesino **apuntó** con el arma directamente a la cabeza, por detrás de la oreja, por lo que probablemente la víctima no lo vio venir.

Ejercicio 6: Ordenar. Bringen Sie die Sätze in die richtige Reihenfolge!

a) La inspectora Palacios y su equipo reúnen la información importante del caso.

b) La señora Molina recibe una llamada de la Policía.

c) La inspectora Palacios descubre quién es Alberto Soler.

d) La señora Molina recibe la noticia de la muerte de su marido.

e) Palacios informa a la señora Molina de algunos de sus movimientos.

1	2	3	4	5

El disparo se realizó a corta distancia y le atravesó el cráneo. Alberto Soler murió en el acto. No se han encontrado indicios de lucha ni resistencia.
—¿Sabemos algo del arma?
—El calibre de la bala es de 9 mm —indicó Márquez.
A pesar de haber distribuido el retrato robot del sospechoso por todas las comisarías, no habían conseguido ninguna **pista**. Varios equipos habían salido también a investigar por el lugar de los hechos, pero sin resultado. A media mañana, sin embargo, Luisa Molina volvió a presentarse ante la inspectora Palacios.

—Buenos días, señora Molina. ¿Cómo está?
—Bien, gracias. Quería hablar con usted, ¿tiene un minuto?
—Sí, por supuesto, acompáñeme —contestó la inspectora mientras la hacía pasar a su despacho.
—Vengo del banco. Quería aclarar todo lo referente a las cuentas de mi marido y…, sinceramente, no esperaba escuchar lo que me han dicho.

ingresos *m pl*	Einkünfte
ϟ **estar al corriente**	im Bilde sein
intrigado	neugierig
arruinado	ruiniert

—¿A qué se refiere?
—Mi marido no recibía **ingresos** desde hacía casi dos años. Alguna ganancia puntual y menor, pero insignificante.
—¿Y usted no **estaba al corriente**? —preguntó **intrigada** la inspectora.
—No, por supuesto que no. Mi marido sacaba dinero de otras cuentas, de los ahorros, para que yo no lo notara. Y ahora estamos prácticamente **arruinados**.
—¿Y no ha notado nada extraño en todo este tiempo?
—No, ya le dije que de vez en cuando se ponía nervioso. Pero, ¿cómo iba yo a suponer algo así? He ido a la fábrica y allí no hay nadie.
—¿Ha hablado con algún trabajador? ¿Algún cliente?
—No, aún no. Hay algo más. El único ingreso importante en todo este tiempo se realizó hace seis meses. Él mismo se ingresó 20 000 [i] euros.
Al escuchar esa última información, la inspectora Palacios guardó silencio. Aguantó la mirada fija en la señora Molina y volvió a preguntar algo que en un principio había quedado completamente descartado.

> **i** Nach aktueller spanischer Rechtschreibung wird kein Punkt mehr zwischen Zahlenwerte mit mehr als vier Stellen gesetzt, sondern ein Festabstand eingehalten.
> **20.000 → 20 000**
> **8.500.000 → 8 500 000**

—¿Sigue creyendo que su marido no tenía enemigos? Esto cambia las cosas. Puede que el motivo no fuera el coche, sino esos 20 000 euros.

Ejercicio 7: Sopa de letras. **Übersetzen Sie die Begriffe und finden Sie sie anschließend im Gitterrätsel!**

Verdächtiger | Einnahme | Schuhe | Bankrott

Mord | Brieftasche | Pistole | Auto

P	A	G	T	E	V	J	I	O	P	L	Y
O	H	Y	Ñ	C	X	Q	N	U	I	L	B
T	B	V	E	R	U	T	G	S	S	I	O
I	B	A	N	C	A	R	R	O	T	A	F
C	W	S	Z	A	G	B	E	S	O	C	J
U	G	E	L	R	A	D	S	P	L	E	L
Z	T	S	C	T	J	Y	O	E	A	V	U
L	H	I	R	E	M	D	I	C	R	E	S
A	F	N	Z	R	A	S	F	H	T	H	K
R	Z	A	P	A	T	O	S	O	B	G	E
P	Q	T	E	R	T	Y	U	S	J	M	X
E	C	O	C	H	E	S	G	O	L	Ñ	U

3 El prestamista

Hacía varios días que el caso de Alberto Soler estaba paralizado. Seguían sin pistas del sospechoso, el retrato robot no **daba** ningún **fruto** y el equipo aún no había encontrado el origen de los 20 000 euros. La inspectora Palacios estaba convencida de que había una conexión. Demasiadas coincidencias para ser sólo una casualidad. La experiencia le decía que no era posible. De momento los policías ocupaban sus jornadas en interrogar a los empleados de la fábrica, pero nadie parecía saber nada acerca del dinero. Sin embargo[i], todos coincidían en una misma idea: el ingreso no correspondía con ningún pago. Los pocos clientes que se mantenían fieles no manejaban esas cifras tan altas.

> Auf **sin embargo, no obstante, es decir, además, en cambio** u. a. folgt immer ein Komma.

—Inspectora, acabamos de tomar declaración al último de los empleados —señaló Márquez.

—Está claro que de ahí no vamos a sacar ninguna información importante. Avise a Fuentes y localicen a los proveedores y los clientes. Veamos si ellos saben algo más.

Los únicos datos que habían obtenido de los trabajadores les eran conocidos ya de algún modo. Es cierto que gracias a ellos habían podido averiguar la causa de los malos resultados y el momento en el que las pérdidas comenzaron a superar los beneficios. A pesar del escaso volumen de trabajo, los empleados mantuvieron su puesto hasta el final. Alberto, a su manera, siempre les animaba con discursos optimistas y futuros clientes que finalmente nunca se materializaban. Reducción de horario y sueldo, y retraso en el pago de los salarios, pero no les dejó a deber ni un solo euro. Coincidiendo con la llegada de los 20 000 euros, la empresa había liquidado todas sus deudas con los trabajadores y los meses siguientes recibieron su sueldo con normalidad. En algún momento Alberto Soler tuvo que quedarse sin recursos, y de ahí a la **quiebra** no había más que unos pocos pasos.

—Sandra, **cambio de rumbo**. Tenemos que buscar a los clientes de Soler —Márquez salió del despacho de Palacios con rapidez y con la mente puesta en la investigación.

—Vale, yo me ocupo —contestó ella.

—Perfecto, entonces yo busco proveedores. Esperemos que alguno de ellos nos saque de dudas.

prestamista *m/f*	Geldverleiher
↯ **dar fruto**	fruchten, Erfolg bringen
quiebra *f*	Bankrott
cambio *m* **de rumbo**	Kurswechsel

Ejercicio 8: ¿Indefinido o imperfecto? Lesen Sie weiter und ergänzen Sie die Verben in der richtigen Zeitform!

La búsqueda **1.** ser ________________ positiva y, al cabo de un par de horas, Márquez y Fuentes ya **2.** contar ________________ con una lista de nombres y una agenda bien apretada para entrevistarlos a todos.

Las citas **3.** comenzar ______________ a primera hora de la tarde y **4.** alargarse ______________ durante horas. Las conversaciones con los clientes no **5.** ser ______________ tan amigables. Muchos de ellos **6.** arrastrar ______________ **rencillas** y enfados por ciertas cuentas sin aclarar. Nada que, por otra parte, tampoco supieran los investigadores. **7.** Parecer ______________ que **8.** ir ______________ a correr la misma suerte que con los trabajadores de la fábrica, cuando **9.** encenderse ______________ una pequeña luz en la sombra.

—Fernando, creo que tengo algo —dijo Fuentes acercándose a la mesa de su compañero y casi levantándolo de la silla—. Vamos a hablar con la jefa.

—¿Qué ocurre, Fuentes? ¿Han averiguado algo nuevo? —preguntó la inspectora al verlos entrar en su despacho.

—Tengo en mi mesa a Eduardo Torres, dueño de la zapatería Torres y cliente de Soler de toda la vida. Según él, no es la primera vez que la fábrica sufre algún bache. Y, al igual que ella, otras muchas empresas de la zona. Por lo visto, en situaciones así, recurren a un prestamista muy conocido en el sector: Nicolás Serrano.

—Así que los 20 000 euros podrían ser suyos —sugirió Palacios.

—Eso parece.

—Hágalo pasar a la sala de interrogatorios, continuaremos allí. Escasos minutos después, proseguía la entrevista.

—Cuéntenos algo más de ese prestamista, Nicolás Serrano —indicó la inspectora.

—Lo conoce todo el mundo por aquí. Si tienes problemas de dinero y los bancos no te ayudan, lo llamas. Él no hace preguntas.

—Pero pedirá algo a cambio —interrumpió Fuentes—. No creo que preste dinero gratis.

—Claro que no. Pide **intereses**, como todo comerciante. Se **lleva un buen pico** de todo esto, medio Alicante está **empeñado** con él.

—¿De qué cifras hablamos?

—Eso no lo sé. Los tratos son individuales. Sé por conocidos que tiene personas de más y menos confianza. Eso también influye.

—¿Y qué ocurre si no devuelves el dinero a tiempo? —Palacios decidió **ir al grano** y dejarse de rodeos.

—Si piensan que Nicolás ha podido matarlo, están muy equivocados. No me gustaría deberle dinero, pero de ahí a que te maten por ello…

—Pero usted mismo dice que no le gustaría deberle nada —señaló Márquez—, ¿por qué?

—¡Por los intereses, claro! Yo nunca he tenido tratos con él, ni quiero tenerlos. Pero sé que pide intereses **desorbitados**, **plazos** imposibles de cumplir y **avales** de todo tipo. Si no cumples a tiempo, te **despluma**. Te deja en la calle, literalmente.

—¿Y no cree que pudo ocurrirle algo así a Alberto Soler?

rencilla *f*	Streit
bache *m*	Tiefpunkt
sugerir	andeuten, vorschlagen
intereses *m pl*	Zinsen
ϟ **llevarse un buen pico**	eine ganze Menge verdienen
empeñado	verschuldet
ϟ **ir al grano**	zur Sache kommen
desorbitado	übertrieben
plazo *m*	Frist
aval *m*	Wechselbürgschaft
ϟ **desplumar**	*hier*: ausplündern; rupfen

—Antes de matarlo, Nicolás se hubiera quedado con su casa. A él sólo le interesa el dinero, asesinándolo no lo iba a conseguir.
—¿Quién más tiene tratos con él?
—Todo el mundo. Pregunten a quien quieran. Nicolás Serrano fue de los pocos que ganaron dinero con la crisis. Los bancos **cerraron el grifo** y allí estaba él para **suplir** sus funciones.

Ejercicio 9: Frases hechas. Ordnen Sie den Umschreibungen die passende Redewendung zu!

1. ☐ contar algo sin rodeos — a) desplumar
2. ☐ cortar a alguien la ayuda — b) llevar un pico
3. ☐ dejar a alguien sin dinero — c) cerrar el grifo
4. ☐ ganar dinero — d) dar fruto
5. ☐ obtener beneficios — e) ir al grano

Tras la entrevista con Eduardo Torres, Márquez y Fuentes volvieron a hablar con todos los relacionados con el caso. A pesar de que nadie antes **había mencionado** el nombre de Nicolás Serrano, cuando la pregunta vino directamente de la Policía y con nombres y apellidos, todos afirmaron conocerlo, y más de uno, además, haber solicitado sus servicios en alguna ocasión. Les sorprendió especialmente la declaración de Manuel Gómez, proveedor de la mayor parte del **cuero** de la Casa Soler.
—Usted tuvo tratos con Nicolás Serrano, ¿no es así? —preguntó Palacios.
—Sí, pero de eso hace mucho tiempo.
—¿Nunca más ha vuelto a necesitar dinero?

—Tengo otras alternativas.

—¿Qué ocurrió? —insistió la inspectora.

—Le pedí 10 000 euros para salir de un **apuro** y el negocio me salió mal. Reclamé más tiempo, pero los intereses que me **impuso** duplicaban el préstamo. Me vi incapaz de pagarle. Entonces comenzaron las **amenazas**. Intentó quedarse con mi negocio, con mi casa. Lo evité durante tiempo para tratar de buscar soluciones, hasta que un día, qué casualidad —levantó la vista al cielo en señal de ironía— los **frenos** de mi coche fallaron. Mi mujer y mis hijos iban dentro. Gracias a Dios no pasó nada.

—¿Insinúa que fue él? Es una acusación muy grave.

—No tengo pruebas, pero lo sé. No él personalmente, alguno de sus hombres. Los que me seguían y me amenazaban.

—¿Y qué pasó?

—Mi padre murió, por causas naturales. Cobré la **herencia** y **saldé** mi deuda.

—¿Considera entonces a Nicolás Serrano capaz de ese tipo de actos?

—Yo les cuento mi historia. Nunca pude probarlo y él siempre lo hubiera negado. Por eso tampoco denuncié, pero las amenazas, aunque anónimas, ocurrieron y los hombres que me acosaban eran reales. Ese **usurero** no tiene escrúpulos.

↯ **cerrar el grifo**	den Geldhahn zudrehen
suplir	vertreten
mencionar	erwähnen
cuero *m*	Leder
apuro *m*	Schwierigkeit
imponer	erheben, auferlegen
amenaza *f*	Drohung
freno *m*	Bremse
herencia *f*	Erbschaft
saldar	begleichen
usurero *m*	Halsabschneider
recaer	fallen

El testimonio de Manuel Gómez hacía **recaer** las sospechas sobre Nicolás Serrano. Algunos clientes habían asegurado la existencia del préstamo por conversaciones con Soler. Aun así, sin pruebas, lo único que podían hacer era hablar con él y confirmar si le prestó dinero. No les costó trabajo encontrarlo. Acostumbrado a tratar asuntos legales sin perder la sonrisa, Serrano aceptó gustoso hablar con la Policía.

—¿En qué puedo ayudarles, agentes?

—Soy la inspectora Palacios. Queríamos hablar con usted acerca de Alberto Soler.

—Ustedes dirán —Serrano, sentado a la mesa de su despacho, actuaba de forma tranquila y amigable.

entramado *m*	Verflechtung
descarado	dreist, unverfroren
concordar	übereinstimmen
susto *m*	Schreck
soberbio	hochmütig

—Como sabrá, Alberto Soler fue asesinado hace algunos días. Investigando, hemos descubierto que no pasaba por un buen momento económico. Sin embargo, recibió un ingreso de 20 000 euros seis meses atrás. Algunos testigos aseguran que usted se los prestó.

—¿Aparece mi nombre en la transferencia bancaria? —Nicolás Serrano, que conocía muy bien el **entramado** policial, presentaba una actitud **descarada** ante las preguntas de la Policía.

—Sabe perfectamente que no es así, pero no nos haga perder el tiempo. Lo averiguaremos de todos modos.

—Es cierto que le presté dinero, pero no esa cantidad. De mis cuentas salieron 5000 euros, aquí pueden comprobarlo —Serrano les mostró una carta de pago firmada por los dos interesados.

—¿En serio pretende que nos creamos esto? —interrumpió Márquez muy alterado—. ¡Tenemos testigos que lo afirman! ¡Sabemos que ese dinero salió de aquí!

—Tranquilícese, Márquez —advirtió Palacios sin levantar la vista del documento—. Aquí pone que el préstamo se realizó hace un año y que el plazo terminaba en marzo. No **concuerda** con las fechas del ingreso.

—Yo no sé nada de ningún ingreso, yo le entregué el dinero en mano. No sé qué hizo Soler con él ni de dónde sacó el resto.
—¿Le devolvió el préstamo?
—No, acordamos unos intereses extras.
—¿Intereses? Más bien un buen susto que se le fue de las manos.
Serrano escuchaba sin perder el gesto orgulloso de la cara y su mirada soberbia.
—Le repito, señora inspectora —dijo—, acordamos unos intereses extras y deberíamos habernos reunido en un par de semanas. Lo cual —continuó haciendo una breve pausa— ya no va a ser posible.

Ejercicio 10: Responder. Beantworten Sie die Fragen zu den bisher gewonnenen Hinweisen!

1. ¿Qué cantidad de dinero ingresó la víctima en su propia cuenta?

___

2. ¿Qué calibre tenía la bala que encontró la Policía en el cuerpo?

___

3. ¿Con qué material trabaja el proveedor que fue amenazado por el prestamista?

___

Palacios y su equipo, al igual que Serrano, salieron del despacho con una falsa sonrisa. No podían acusarle de nada, pero estaba claro que escondía algo. Sabían que se dedicaba a negociar con préstamos **encubiertos**, justificados únicamente en pequeñas cantidades. El resto entraba y salía en forma de dinero negro. **Desenmascarar** toda la trama les llevaría algún tiempo, aunque eso sería otro caso. Lo que les interesaba averiguar ahora era su posible implicación en la muerte de Alberto Soler.

encubierto	verdeckt
desenmascarar	durchschauen
abarcar	überblicken
entrecortado	stockend
estremecer	erschüttern

—Debemos hablar de nuevo con todos los entrevistados —subrayó la inspectora—. Alguien debe de haber visto u oído algo acerca de ese préstamo.

—Hay un proveedor al que no conseguimos localizar —apuntó Fuentes.

—Pues búsquenlo. Vayan a su casa, hablen con sus amigos. Lo que haga falta. Necesitamos **abarcar** todas las posibilidades.

De camino a la comisaría, la inspectora Palacios recibió una llamada de Luisa Molina. Su voz se notaba alterada y **entrecortada**.

—Inspectora, soy Luisa Molina.

—Dígame, ¿qué ocurre?

—Estaba recogiendo la ropa de Alberto y, en uno de sus cajones, he encontrado una caja con fotos y cartas. ¡Somos nosotros! ¡Mis hijos y yo!

—¿Qué tipo de fotos? ¿Hechas por su marido?

—¡No! Son una especie de amenaza. ¡Como si alguien nos hubiera estado siguiendo!

—No toque nada —le advirtió Palacios—, vamos de camino.

Márquez varió rápidamente el rumbo del coche y en pocos minutos estaban ante la puerta de la casa. Luisa Molina les estaba esperando en el salón, con la caja encima de la mesa, sin poder desviar la mirada de su contenido: una veintena de fotos dispuesta sobre la mesa y varias cartas sin remite. La simple imagen de sus hijos en el patio del colegio la **estremecía**, mucho más que los mensajes escritos: "Ladrón, págame lo que me debes"; "Si no pagas tú, lo hará tu familia".

—¿Su marido no le habló de esto? —preguntó la inspectora al sentarse junto a Luisa.

—No, es la primera vez que lo veo. Ahora entiendo muchas cosas.

—¿A qué se refiere?

—Últimamente se obsesionaba mucho con saber en todo momento dónde estábamos los niños y yo y a qué hora llegábamos a casa. Insistía en que cerráramos todas la puertas con llave incluso estando dentro. Había habido un par de robos en el vecindario, yo creía que se debía a eso.

Kollektivzahlen sind zumeist weiblich. Folgt auf die Zahlenangabe ein Substantiv, wird die Präposition **de** eingefügt:
una veintena de fotos – etwa 20 Fotos
Statt **una centena** (etwa 100) sagt man auch **un centenar.**

—Las cartas no tienen fecha, ¿cuándo comenzó a notar esa actitud en su marido?

—Hará un par de meses aproximadamente.

—Coincide con la fecha del plazo —afirmó Palacios mirando a sus compañeros.

—¿Qué plazo? —preguntó Luisa.

—No se preocupe, no le podemos contar nada más de momento. Enviaremos un par de agentes para que vigilen su casa los próximos días y los acompañen tanto a usted como a sus hijos. Al menos hasta que aclaremos este asunto.

Al salir de la casa, los tres compañeros se miraron entendiéndose perfectamente sin mediar palabra. Las amenazas coincidían con lo que Eduardo Torres les había contado. Y tenían pruebas de que Alberto Soler no había devuelto su préstamo a tiempo, ya fueran 5000 o 20 000 euros.

Ejercicio 11: Ordenar. Bringen Sie die Buchstaben in die richtige Reihenfolge und enträtseln Sie die Wörter zum Tatort!

1. heocc ____________________
2. ltaivnenla ____________________
3. fsomoáer ____________________
4. ilsptoa ____________________
5. hlelau ____________________

4 Un nuevo sospechoso

Hallar las huellas existentes en la caja y en las fotos no les llevó más que unas pocas horas. Identificarlas ya era otro asunto. Márquez y Fuentes volvieron a empezar desde el principio con sus investigaciones. Si Nicolás Serrano había tenido algo que ver con la muerte de Alberto Soler, debían encontrar el vínculo que les llevara a él. Motivados por las pautas de la inspectora Palacios, en esta nueva ronda no sólo importaban las preguntas, buscaban, además, muestras voluntarias de huellas dactilares. Las del prestamista no sería tan fácil conseguirlas sin una orden judicial, pero al menos podrían descartar a la mayoría de entrevistados y tener algo más en contra de Serrano si insistía en su negativa.

vínculo *m*	Zusammenhang
pauta *f*	Grundsatz
orden *f* judicial	Gerichtsbeschluss
corroborar	bestätigen
fraude *m*	Betrug

—Márquez —preguntó Palacios—, ¿qué tal llevan las entrevistas?
—Nadie más corrobora la versión de Manuel Gómez, aunque más de uno confirma que la cantidad que recibió Soler fueron 20 000 euros.
—Con eso no tenemos más que un posible fraude. Ese es otro tema. ¿Cree que tienen miedo, que ocultan información?
—No me ha dado esa sensación, pero podría ser. Aún no hemos terminado de interrogarlos a todos. Fuentes está ahora mismo con uno de ellos.

—¿Han localizado a ese otro proveedor?

—No, aún no.

—Sigan insistiendo.

Durante la conversación, la inspectora Palacios recibió una llamada del laboratorio. Los análisis de las primeras huellas ya estaban listos.

Ejercicio 12: Diálogo. Lesen Sie weiter und bringen Sie den Dialog in die richtige Reihenfolge!

a) –¿Cuál? –preguntó Palacios.

b) –El autor de las amenazas es el asesino, de eso no hay duda. Al menos las huellas coinciden con las del coche. Aunque por ahora no concuerdan con ninguna de las muestras que me habéis traído.

c) –Seguimos sin nombre propio, pero tenemos una coincidencia –señaló la forense al ver aparecer a los compañeros.

d) –**Acotamos** el círculo, entonces. A pesar de que Nicolás Serrano sigue sin querer colaborar –señaló la inspectora–. Márquez, intente conseguir esa orden judicial. Es nuestra única posibilidad.

1	2	3	4

Al volver a su despacho, la inspectora se encontró con Fuentes, que estaba esperándola. Tenía un dato con el que no habían contado hasta ahora.

—¿Cómo que el proveedor está desaparecido? —preguntó alterada Palacios.

—Desde el mismo día del asesinato. Me lo acaba de confirmar un conocido suyo que también trabajaba con Soler.

acotar	eingrenzen
¡Hay que fastidiarse!	Das ist ja nicht zu fassen!

—¿Y cómo es que no hemos sabido nada hasta hoy?

—Al parecer no le han dado importancia. No es la primera vez que lo hace y su mujer no ha denunciado.

—¿Y él? —preguntó la inspectora refiriéndose al conocido del proveedor—. ¿Por qué no dijo nada la primera vez que se le interrogó? —Palacios era incapaz de comprender cómo se les había podido escapar ese detalle durante tantos días.

—Dice que no sabía nada. Su único trato es el laboral. Hacía días que intentaba localizarlo sin resultado y ayer por la noche se presentó en su casa.

—¡Nadie sabe nada! ¡Siempre la misma historia! —Palacios mostraba abiertamente su enfado.

—Y estaba en la ruina —añadió Fuentes—. Los malos negocios de la fábrica le afectaron directamente.

—¡Hay que fastidiarse! Y de eso tampoco sabía nada, ¡claro! —insistió la inspectora.

—Según él, al descubrir ayer que estaba desaparecido, empezó a preocuparse. Tiene miedo de que le haya pasado lo mismo que a

Das **Perfecto de subjuntivo** wird benutzt, wenn im Hauptsatz eine wertende oder emotionale Äußerung im Präsens, Futur, Perfekt oder Imperativ gemacht wird. Das konjugierte Verb im Subjuntivo bezieht sich auf eine Handlung, die bereits abgeschlossen ist, aber noch bis in die Gegenwart hinein wirkt.

Soler. De hecho —continuó Fuentes—, ha venido él, nosotros no lo hemos llamado.
—Está bien, está bien. ¿Tenemos la dirección? —la inspectora esperaba impaciente la respuesta afirmativa de su compañera—. Pues salimos para allá, avise a Márquez de que vamos de camino.

La aparición de este otro nombre, Julián Ruiz, abría una nueva vía en la investigación. Arruinado y desaparecido el mismo día que mataron a Alberto Soler, quizá era otra víctima más como lo fue Alberto. Aún desconocían si debía dinero o si había pedido algún préstamo, pero esperaban que esas respuestas las pudiera contestar su mujer. Una vez aclaradas las presentaciones y las razones por las que se habían presentado allí, la inspectora Palacios no **se anduvo con rodeos**.
—¿Por qué no denunció la desaparición de su marido?
—No me pareció relevante —contestó ella sin vacilar—.
—¿Relevante? ¡Ha pasado más de una semana! ¿Cuánto necesita usted para que sea... "relevante"?
—Mi marido desaparece constantemente. No es la primera vez, hace ya mucho que dejé de preocuparme. Él hace su vida y yo la mía. Cuando está aquí, nos entendemos bien, y cuando no, no pregunto. Es mejor así.
—¿Ni tan siquiera una llamada?
—Por supuesto que lo he llamado, no me es indiferente hasta ese punto. Pero no contesta.
—¿Cuándo fue la última vez que lo vio?
—El mismo día que desapareció. Volvió a casa a media mañana no sé a qué y se llevó el coche.

ϟ andarse con rodeos	herumdrucksen
distribuidor *m*	Lieferant
embargar	wegnehmen
ahogado	bedrückt
insulto *m*	Beschimpfung
establecer	festlegen

—Ese fue el día que mataron a Alberto Soler, ¿no le pareció extraño? ¿No se le pasó por la cabeza que a lo mejor podía estar relacionado con el caso? —preguntó la inspectora.
—Sinceramente, no. Ya le digo que Julián desaparece a menudo. Además, mi cuñado es guardia civil y vive en el piso de enfrente, si hubiera tenido un accidente, lo sabría.
Estaba claro que de ningún modo la inspectora podría hacer reaccionar a esa mujer. Para ella toda esta situación era normal. Decidió, por tanto, continuar con otras cuestiones.
—¿Conocía los problemas económicos de su esposo?
—Sí. Hace meses que no duerme. Alberto Soler le dejó a deber mucho dinero.
—¿Cuánto dinero? —insistió Fuentes.
—No lo sé, pero esto es una cadena. Si Soler no salda su deuda, mi marido tampoco puede saldar las suyas, ¿me entienden?
—¿A quién debe dinero su marido? ¿Lo sabe?
—¡A todos! Clientes, **distribuidores**, comerciales... Vivimos de mi sueldo. Y no nos **embargan** la casa porque está a mi nombre.
—¿Cree que ha podido desaparecer por eso?
—No lo sé, es posible. Toda esta historia lo tiene **ahogado**.
—¿Han recibido amenazas?
—Gritos, **insultos**, llamadas... Alguna amenaza se escapa de vez en cuando entre todo eso.
—Una última pregunta, ¿le suena el nombre de Nicolás Serrano?
—No, ¿debería?
—No se preocupe. Muchas gracias por su tiempo. Nos gustaría pedirle alguna pertenencia de su marido que pueda contener sus huellas.—Sí, claro. Llévense lo que quieran.

De vuelta a la comisaría, Palacios y sus compañeros reordenaron sus ideas y **establecieron** los siguientes pasos. Debían volver a hablar con Serrano y averiguar si le prestó dinero a Julián Ruiz; comunicarse con sus compañeros y familiares para descubrir más datos de su desaparición y de su deuda; e integrar ese nombre en sus interrogatorios. Pero antes de eso, contactar de nuevo con el proveedor que les dio la pista. Ese hombre parecía conocerlo bien.

Ejercicio 13: Prefijos. Bilden Sie die Gegenteile der Verben und Adjektive, indem sie die passenden Vorsilben verwenden!

1. paciente ______________________
2. relevante ______________________
3. aparecer ______________________
4. capaz ______________________
5. moral ______________________
6. legal ______________________

—La mujer de su amigo nos ha contado que Alberto Soler le debía dinero a Julián Ruiz, ¿lo sabía usted? —mientras Márquez intentaba localizar a sus conocidos por teléfono, Fuentes volvía a sentar a Ernesto Ferrer en su mesa.
—Sí, le debía dinero a más de uno, pero a él una cantidad bastante elevada, por lo que tengo entendido. Unos 10 o 15 000 euros.
—Sin embargo, Soler intentó pagar todas sus deudas, ¿no es así?
—Sí, pero no tenía suficiente. Cuando recibió el dinero de Serrano lo primero que hizo fue pagar a sus empleados. Él mismo me lo dijo. Me pidió paciencia porque necesitaba mantener a su gente

para **reflotar** la fábrica. Sabía que era la única forma de salir adelante.
—Entonces gastó todo el préstamo en los sueldos de sus trabajadores.
—Todo no, tenía en mente un nuevo producto, un nuevo negocio. De alguna manera buscaba algo que le volviera a dar beneficios. En mi caso, yo podía esperar, igual que algunos otros, pero Julián...
—¿Sabe si Julián Ruiz pidió dinero prestado? ¿Quizás a Nicolás Serrano?
—Que yo sepa no. Conocía las **tretas** de Serrano y no creo que quisiera tener líos con él. Puede que pidiera ayuda a algún familiar, pero no lo sé.

reflotar	*hier*: wieder auf die Beine stellen
treta *f*	Trick

Ejercicio 14: ¿Verdadero o falso? Welche Aussagen hat Ernesto Ferrer gemacht? Kreuzen Sie an!

1. Alberto Soler debía dinero a más de una persona. ❐
2. Alberto Soler tenía una gran deuda con Julián Ruiz. ❐
3. Alberto pagó a sus empleados para levantar su negocio. ❐
4. La situación de Julián y la de Ernesto son iguales. ❐
5. Julián Ruiz tenía una buena relación con Nicolás Serrano. ❐

Al terminar con el interrogatorio, ocurrió lo inimaginable. Una nueva llamada del laboratorio avanzaba el final del caso. Una nueva y definitiva coincidencia en las huellas.

—Tenemos al asesino —afirmó la forense **sin** más **dilación**.

—¿Cómo? ¿Quién? —preguntó exaltada la inspectora.

—No sé si será el asesino, pero lo que sí sé es que sus huellas coinciden con las del coche y la caja con las fotos. Todas concuerdan con las muestras de Julián Ruiz.

—No puede ser, debe haber un error —indicó Fuentes—. Tomamos las huellas de su casa, puede que no sean suyas.

—Es cierto. Debemos confirmarlo —señaló Palacios—. Mandaremos una patrulla para que revisen hasta el último detalle.

—Pero no tiene sentido, ¿y Serrano? —insistía Fuentes.

—Seguimos sin tener pruebas contra él. Son todo suposiciones —respondió Palacios sin salir de su **asombro**.

—El retrato robot es muy parecido a la foto de Ruiz, mirad —hablaba Márquez desde la mesa **contigua** comparando ambos documentos.

—Podría tener sentido —advirtió Palacios—. Soler le debía mucho dinero, estaba arruinado. Pudo matarlo por desesperación, por venganza, y **darse a la fuga**. ¡Desapareció el mismo día de su asesinato!

> **Llevar/traer** sowie **ir/venir** sind problematische Verben im Spanischen. Geht der Sprecher von seinem bisherigen Standort zu einem anderen, heißt es **ir.** Nimmt er etwas mit, **llevar.** Kommt ein anderer zum Standort des Sprechers, benutzt man **venir.** Bringt er etwas mit, sagt man **traer.**

—¿Y el arma?

—El cuñado es guardia civil, ¿no? ¡No perdamos más tiempo! Que venga el testigo e identifique la foto y que un equipo consiga más muestras de su casa. Y traigan (i) el arma, si la encuentran. Si disparó con esa pistola, es posible que aún tenga algunas huellas.

—¿Cree usted que estará allí?

—Es posible que disparara con ella. Ese revólver es un arma reglamentaria, debería haber denunciado su desaparición si no fuera así —tras la explicación, Palacios se quedó pensativa por un instante y prosiguió—. La mujer de Julián Ruiz nos dijo que lo vio en casa después del asesinato, pudo regresar para devolverla y no levantar sospechas.

En cuestión de segundos, el caso había virado completamente hasta situarse en la dirección contraria. Julián Ruiz, un nombre que ni tan siquiera sabían que existía hasta hacía algunas horas había conseguido posicionarse en primera línea. La declaración del testigo no hizo más que confirmar sus sospechas.

sin dilación	unverzüglich
asombro *m*	Erstaunen
contiguo	angrenzend
darse a la fuga	die Flucht ergreifen
arma *f* reglamentaria	Dienstwaffe
DNI *m* (Documento Nacional de Identidad)	Personalausweis
concluyente	endgültig
culata *f*	Gewehrkolben
captura *f*	Ergreifung

—Es él, no hay duda —dijo.

Lo mismo que el resto de huellas halladas en su casa y que los datos del registro policial de su DNI. Todo, pruebas concluyentes. Tan solo restaban por saber los resultados de la pistola.

—¿Y bien? —preguntó Palacios.

—Se nota que la han limpiado —afirmó la forense—. Las huellas son del cuñado, claro, pero aquí, en la culata, tenemos un pequeño resto que nos da la información necesaria para confirmar con total seguridad que es el mismo hombre.

Dicho esto, la inspectora no tardó un minuto más en lanzar la orden (i) de busca y captura contra Julián Ruiz. Y mientras lo

Die Bedeutung von **orden** ändert sich mit dem Artikel.
la orden = Befehl, Anweisung;
el orden = Ordnung, Reihenfolge

encontraban, hablarían con el cuñado guardia civil, que seguro tenía mucho que contarles.

—Su arma ha sido utilizada en un asesinato, ¿nos podría decir cómo es eso posible?

—He hablado con sus compañeros y me han contado el caso. ¡Ese día ni siquiera estaba aquí! Lo puedo demostrar. Mi mujer y yo estuvimos toda la semana fuera con unos amigos.

—Confirmaremos su **coartada**, señor Díaz. Pero si usted no ha sido, ¿cómo pudo su cuñado Julián Ruiz acceder al arma?

—¿Julián? ¿Creen que ha sido él? ¡Dios mío! No es posible, estaba muy alterado, sí, pero…

Ejercicio 15: ¿Llevar o traer? Ergänzen Sie die richtige Verbform im Präsens (Indikativ oder Subjuntivo)!

1. Fuentes y Márquez ____________ la pistola a la inspectora.
2. Palacios quiere ver el retrato robot. Le pide a Márquez que la ____________.
3. La inspectora quiere que una patrulla ____________ más huellas de la casa de Julián Ruiz.
4. La forense ____________ las pruebas a la inspectora.
5. Los agentes ____________ las huellas a la oficina del registro para compararlas.

—¿Pudo conseguir el arma de algún modo?

—Rocío, la hermana de mi mujer, y él tienen una llave de nuestro piso. Vivimos en el mismo edificio, somos vecinos. Quizá pudo entrar en casa cuando nosotros no estábamos.

—¿No notó nada raro al volver a casa o en la pistola?

—No, claro que no.

—¿Ha tenido contacto con su cuñado estos días?

—No sé nada de él desde antes del viaje. Al llegar, Rocío nos dijo que se había ido. No preguntamos más. Julián hace esas cosas de vez en cuando.

—¿Y antes? Ha dicho que estaba "alterado" —la inspectora Palacios **no** quería **dejar cabos sueltos** que les pudieran ayudar en la investigación.

—Hacía meses que estaba muy nervioso. Yo sabía que Soler le debía dinero, no dejaba de repetirlo. Estaba obsesionado con él y con que le había destrozado la vida. Pero en realidad todos lo estábamos. No puedo creer que haya llegado tan lejos.

coartada *f*	Alibi
↯ **no dejar cabos sueltos**	keinen Punkt außer Acht lassen
desahogarse con alguien	sich jmd. anvertrauen

—¿Obsesionado en qué sentido?

—Lo llamaba constantemente, iba a la fábrica, sobre todo cuando se enteró de que había recibido un dinero y aún así no le pagaba.

—Su mujer no nos ha contado nada de esto.

—No lo sabe. Julián **se desahoga conmigo**. Tenemos muy buena relación.

—¿No le extrañó esa actitud? ¿No le preocupaba?

—Al principio, sí, un poco, pero…

—¿Pero?

—¿Quién no descarga su rabia con una cerveza? Y más aún si son tres o cuatro. Se había quedado sin dinero y sin negocio, es normal

que estuviera en el centro de todas sus conversaciones. Nunca pensé que pudiera hacer algo así, ¿están ustedes seguros?
—Las pruebas lo **incriminan**, sí. Pero debemos encontrarlo primero.

Pasaron días antes de que los agentes dieran con el coche de Ruiz. Aparcado en medio del campo, alejado de la carretera y de la civilización. Cuando los agentes confirmaron la matrícula, la inspectora Palacios y su equipo no tardaron en personarse allí. Les habían informado de que había un cuerpo en su interior, fallecido hacía algún tiempo por el olor que **desprendía** el **habitáculo**.

Imperfecto de subjuntivo steht immer nach Wünschen, Gefühlen und Empfehlungen, bezieht sich aber ausschließlich auf abgeschlossene Situationen in der Vergangenheit: **Es trágico que muriera tan joven.** Eindeutiger wird es, wenn das Verb im Hauptsatz bereits in der Vergangenheit oder in einer Form des Condicional steht: **Temía que pudiera pasar algo así.**

—Es Julián Ruiz —confirmó la inspectora al ver el cadáver—. Posiblemente lleve aquí desde el día de su desaparición.
—Entonces no se había fugado —añadió Márquez—. ¿Otro asesinato?
—No parece que tenga signos de violencia —Palacios contestaba al tiempo que miraba el cuerpo del hombre con detalle.
—Inspectora —señaló de pronto Fuentes desde el otro lado del vehículo—, aquí hay una nota. Parece que se quitó la vida.

incriminar	anschuldigen
desprender	verströmen
habitáculo *m*	Innenraum
trapo *m*	Lumpen
taponar	verstopfen
tubo *m* de escape	Auspuffrohr
consolidar	bestärken
estafa *f*	Betrug

Los forenses deberían certificar el momento de su muerte. La causa, aunque también era labor suya, no les costó trabajo suponerla. Los trapos que taponaban el tubo de escape y las llaves en el contacto evidenciaban un suicidio claro. La carta de despedida encontrada en el asiento del copiloto lo consolidaba. Suicidio por desesperación tras la venganza que, finalmente y al contrario de lo que prometían sus cartas, se cobró en el propio Soler.

Deberían también investigar si en realidad Nicolás Serrano estaba completamente limpio. Había quien insinuaba que Julián pudo ser uno de esos hombres que trabajaban para el prestamista y que, en todo caso, habría actuado bajo órdenes externas. Sin embargo, nada indicaba que esto fuera así. Contra Serrano no tenían más que una posible denuncia por estafa. Pero eso sería otro caso.

Test final

Soluciones

Glosario

Tabla de ejercicios

Test final

Ejercicio 1: Completar. **Ergänzen Sie den Text mit den richtigen Übersetzungen!**

Aunque Maribel seguramente hubiera obtenido la **1.** Sorgerecht ______________ de su hija Azucena, decidió planear su **2.** Entführung ______________ para tener más argumentos contra su marido, Fernando Larraz, que no quiere firmar el **3.** Scheidung ______________, y para empezar una nueva vida con el **4.** Lösegeld ______________. Larraz pide ayuda al detective Leonardo Correa, un amigo de la infancia que vivió en la misma **5.** Elendsviertel ______________ que él y al que una vez salvó la vida en una **6.** Streit ______________, demostrando un gran **7.** Mut ______________. Leonardo acepta, se habría sentido un **8.** Feigling ______________ si se hubiera negado.

Ejercicio 2: Crucigrama. Lösen Sie das Kreuzworträtsel!

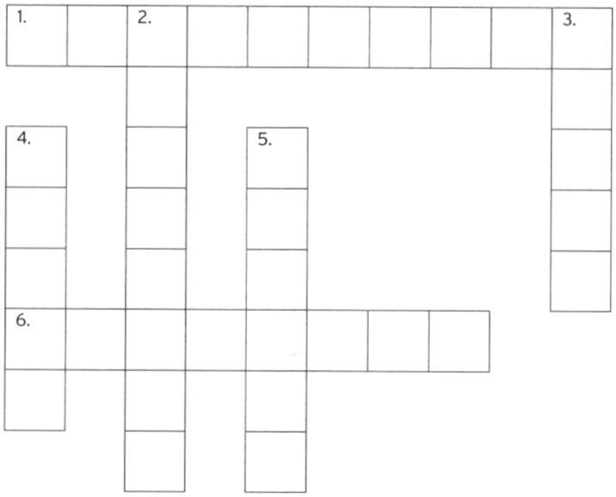

1. El medio de ... más utilizado en La Habana es el autobús, allí llamado guagua.
2. Los secuestradores amenazaron con ... a Azucena si su padre no pagaba el rescate.
3. De niños, Fernando siempre estaba dispuesto a ... una mano a su amigo Leonardo.
4. Cuando una relación se rompe, casi siempre las dos partes tienen algo de ...
5. La principal ... de taxi de La Habana se encuentra en la Plaza 13 de Marzo.
6. Leonardo Correa suele vestir un ... blanco y una camisa del mismo color.

Ejercicio 3: Comprensión. **Unterstreichen Sie die richtige Variante!**

1. Santiago de Cuba se encuentra en el extremo Oeste / Este de la isla.
2. El Fuerte del Morro fue construido por los españoles / norteamericanos.
3. La "ropa vieja" es un plato de carne / un postre.
4. Ulpiano Valladares trabaja en la policía política / de fronteras.
5. Fernando jugaba al béisbol mejor / peor que Leonardo.

Ejercicio 4: Definiciones. **Ergänzen Sie die Begriffe, die zu den Definitionen passen!**

1. Comida típica de Canarias, hecha con harina de maíz: ______________________
2. Salsa típica de Canarias, que contiene cilantro y suele acompañar a las patatas: ______________________
3. Variedad de café típica de Canarias, con canela y leche condensada: ______________________
4. Quiosco al aire libre: ______________________

Ejercicio 5: Frases hechas. Vervollständigen Sie die Sätze mit der korrekten Verbform!

cubrir   hacer   conciliar   chuparse   freír

1. Aunque estaba cansadísimo, no podía ______________ el sueño.
2. En las situaciones complicadas, Selena ______________ las espaldas a Miguel, o él las de ella.
3. Desde aquel momento, le ______________ la cruz y le mandó a ______________ espárragos.
4. Ese potaje canario está para ______________ los dedos.

Ejercicio 6: Sopa de letras. Finden Sie sieben Charaktereigenschaften!

L	E	V	E	R	R	A	K	I
I	N	S	O	L	E	N	T	E
V	C	M	A	C	O	P	E	F
I	L	A	C	O	N	I	C	O
D	E	J	R	B	E	N	I	R
O	N	O	A	A	P	U	R	N
B	Q	D	T	R	A	E	T	I
E	U	R	U	D	A	M	I	D
L	E	I	B	E	R	G	U	O

Ejercicio 7: Definiciones. **Ergänzen Sie die gesuchten Wörter mithilfe der Silben. Die übrigen ergeben das Lösungswort!**

ro	ca	fo	ta	bri	me	se	di	ro	má
a	mo	ne	na	prés	zas	fá			

1. Alberto Soler tuvo que pedir uno muy grande y no lo devolvió: ____________________
2. La de Alberto era familiar hasta que su padre enfermó y su hermano vendió su parte: ____________________
3. Podrían haber sido enviadas por Nicolás Serrano, pero resultó ser Julián Ruiz el autor: ____________________
4. Su luz verde fue lo último que vio Alberto antes de morir: ____________________

Dice un refrán: El ____________________ *no da la felicidad.*

Ejercicio 8: Antónimos. **Ergänzen Sie die Gegenteile!**

1. el préstamo *el* _ _ _ _ _ _
2. el pago *el* _ _ _ _ _ _ _
3. la riqueza *la* _ _ _ _ _ _ _
4. encontrar _ _ _ _ _ _ _ _ _ _

Ejercicio 9: Responder. **Beantworten Sie die Fragen!**

1. ¿Por qué la mujer de Julián Ruiz no denuncia su desaparición?

____

____

2. ¿Por qué Nicolás Serrano se convierte en el primer sospechoso?

____

____

3. ¿Dónde encuentran el cuerpo de Julián?

____

____

4. ¿Por qué Alberto Soler no saldó su deuda con Julián Ruiz?

____

____

Soluciones

Secuestro en La Habana

Ejercicio 1: **1.** odio **2.** divorcio **3.** pobreza **4.** luz **5.** belleza

Ejercicio 2: **1.** es **2.** está **3.** soy **4.** estamos **5.** hay **6.** Está **7.** Es

Ejercicio 3:

A	B	E	F	I	J	E	P	T
C	A	M	L	E	O	I	U	R
O	N	D	A	M	I	N	Ñ	O
N	D	P	U	T	E	M	E	M
G	U	I	T	A	R	R	A	P
A	R	A	A	M	S	A	T	E
M	R	N	H	B	V	L	E	T
E	I	O	E	O	Z	A	X	A
X	A	I	Z	R	B	I	O	R

Ejercicio 4: **1.** falso (Fue construido por los norteamericanos.) **2.** falso (Sí le gusta.) **3.** falso (Era un blog anticastrista.) **4.** verdadero **5.** verdadero

Ejercicio 5: **1.** La niña no fue devuelta a sus padres por nadie. **2.** Esas noticias fueron creídas por mucha gente. **3.** En el pasado, Leonardo Correa fue ayudado por Ulpiano Valladares. **4.** Por eso, Leonardo Correa fue degradado sólo por dos años.

Ejercicio 6: **1.** pelea **2.** cráneo **3.** valor **4.** puños **5.** golpes **6.** cobardía **7.** errores **8.** venganza

Ejercicio 7: **1.** Me la juego **2.** es agua pasada **3.** me echas una mano **4.** un día sí y otro también **5.** da una patada en el culo

Ejercicio 8: **1.** prostituta **2.** ocultaba **3.** armas **4.** trato **5.** Lázaro **6.** vías **7.** trabajar

Ejercicio 9: **1.** envejecer **2.** renovar **3.** batear **4.** oscurecer **5.** colorear

Ejercicio 10: **1.** llamada **2.** silencio **3.** estado **4.** rescate **5.** cantidad **6.** farola **7.** tontería

Ejercicio 11: **1.** búsqueda **2.** juez **3.** custodia **4.** tortura **5.** rescate **6.** paseo **7.** adulterio **8.** divorcio **9.** confesión
Lösung: secuestro

Ejercicio 12: **1.** falso (Sí lo tiene, pero no puede acceder a él en tan poco tiempo.) **2.** verdadero **3.** falso (No, es la ciudad de Matanzas.) **4.** verdadero **5.** verdadero

Ejercicio 13: **1.** Fernando cree que el caso será resuelto sin ayuda de Leonardo. **2.** El rescate se depositará en una bolsa, junto a un quiosco. **3.** Su mujer le insultará a Fernando. **4.** Cumbreño nunca pensó que se le fuera a chantajear.

Ejercicio 14: **1.** recibimiento **2.** alegría **3.** muestra **4.** agradecimiento **5.** desprecio **6.** confianza **7.** promesa **8.** abatimiento

Ejercicio 15:

A	T	Y	T	E	D	I	C	O
D	E	A	E	Q	U	A	M	A
B	J	L	C	I	B	L	E	C
F	A	C	H	A	D	A	O	E
V	D	O	O	M	C	C	Ñ	R
A	O	B	U	N	I	E	A	O
B	E	A	X	N	A	N	C	U
R	O	Z	A	C	I	A	E	B
Q	U	I	N	O	L	A	X	E

Ejercicio 16: **1.** Azucena fue secuestrada por su madre. **2.** El envase de medicina fue la pista clave. **3.** Maribel fue detenida poco antes de embarcar. **4.** Para Correa fue uno de los casos más complicados.

Muerte en las arenas

Ejercicio 1: **1.** Seguid **2.** Vuelve **3.** creas **4.** Ve **5.** leed

Ejercicio 2: **1.** cráneo **2.** mandíbula **3.** piel **4.** sangre **5.** muñecas **6.** espalda **7.** nuca

Ejercicio 3: **1.** El mojo picón es una salsa típica de Canarias. **2.** El Teide es más alto que el Pico Viejo. **3.** La víctima fue golpeada en la cabeza. **4.** Los guanches fueron los primeros pobladores de Canarias.

Ejercicio 4:

B	E	T	C	A	V	R	I	D
Z	A	P	R	U	S	E	T	Q
I	N	Q	U	I	E	T	O	U
B	R	A	L	E	G	R	E	I
U	S	S	A	B	E	A	R	U
R	E	A	N	T	I	I	S	J
G	R	T	I	M	I	D	O	O
K	I	A	H	W	I	O	E	T
Q	O	I	M	P	L	A	X	U

Ejercicio 5: **1.** llegada **2.** Escritura **3.** apertura **4.** cierre **5.** posesión **6.** asesinato **7.** extrañeza **8.** tardanza

Ejercicio 6: **1.** Las puertas sólo pueden ser abiertas y cerradas por los profesores. **2.** Algo que no sabía sobre Selena fue descubierto por Miguel. **3.** Pedro José Díaz fue excluido del taller por Rovira. **4.** La construcción del Campus de Guajara fue decidida por el Gobierno.

Ejercicio 7: **1.** falso (Empezó los estudios pero no los terminó.) **2.** falso (Es una comida de origen guanche.) **3.** falso (No está convencido, pero no lo cree imposible.) **4.** verdadero **5.** verdadero

Ejercicio 8: **1.** atacar **2.** huir **3.** excluir **4.** pegar **5.** acabar **6.** odiar
Lösung: culpar

Ejercicio 9: **1.** hubiera creído, tuviera **2.** hubieras dicho, hubiera escrito **3.** hubierais esperado, os diéramos **4.** hubierais adivinado, no os lo hubiéramos dicho **5.** se me hubiera ocurrido, hubiera podido

Ejercicio 10: **1.** atractivo **2.** fornido **3.** hablador **4.** callado **5.** suspicaz **6.** oscuros **7.** desconsolada

Ejercicio 11: **1.** d **2.** e **3.** b **4.** a **5.** c

Ejercicio 12: **1.** dominicana **2.** merendar **3.** arena **4.** culpa **5.** correr **6.** pena **7.** poderoso

Ejercicio 13: **1.** Diga **2.** Aclárelo **3.** No os confundáis **4.** Ven **5.** No dejes **6.** Oídme

Ejercicio 14: **1.** El aterrizaje tuvo lugar puntualmente. **2.** Fue idea de Jordi reconciliarse con Pedro José. **3.** A Selena la invitó a cenar Miguel. **4.** No saben si deben creer la coartada de Jordi Durán.

Ejercicio 15: **1.** despegar **2.** acelerar **3.** ocultar **4.** condenar **5.** avanzar

Ejercicio 16: **1.** palanca **2.** volante **3.** guantera **4.** freno **5.** maletero **6.** parabrisas **7.** guardabarros **8.** capota
Lösung: coartada

Las huellas del asesino

Ejercicio 1: **1.** c **2.** d **3.** b **4.** a

Ejercicio 2: **1.** falso (Alberto es el dueño de la fábrica.) **2.** verdadero **3.** verdadero **4.** falso (El texto no da esa información.) **5.** verdadero

Ejercicio 3: **1.** traer/traiga **2.** conduce/conduzca **3.** avisa/avise **4.** di/diga **5.** acuéstate/acuéstese **6.** sabe/sepa

Ejercicio 4: **1.** barajar **2.** sirena **3.** manzana **4.** escenario **5.** calle

Ejercicio 5: **1.** d (desafortunado) **2.** f (oportuno) **3.** a (misterioso) **4.** e (coordinadora) **5.** b (imparcial) **6.** c (intranquila)

Ejercicio 6: **1.** b **2.** d **3.** c **4.** e **5.** a

Ejercicio 7:

P	A	G	T	E	V	J	I	O	P	L	Y
O	H	Y	Ñ	C	X	Q	N	U	I	L	B
T	B	V	E	R	U	T	G	S	S	I	O
I	B	A	N	C	A	R	R	O	T	A	F
C	W	S	Z	A	G	B	E	S	O	C	J
U	G	E	L	R	A	D	S	P	L	E	L
Z	T	S	C	T	J	Y	O	E	A	V	U
L	H	I	R	E	M	D	I	C	R	E	S
A	F	N	Z	R	A	S	F	H	T	H	K
R	Z	A	P	A	T	O	S	O	B	G	E
P	Q	T	E	R	T	Y	U	S	J	M	X
E	C	O	C	H	E	S	G	O	L	Ñ	U

Ejercicio 8: **1.** fue **2.** contaban **3.** comenzaron **4.** se alargaron **5.** fueron **6.** arrastraban **7.** Parecía **8.** iban **9.** se encendió

Ejercicio 9: **1.** e **2.** c **3.** a **4.** b **5.** d

Ejercicio 10: **1.** La víctima ingresó 20 000 euros. **2.** El calibre es de 9 mm. **3.** El proveedor trabaja con cuero.

Ejercicio 11: **1.** coche **2.** ventanilla **3.** semáforo **4.** pistola **5.** huella

Ejercicio 12: **1.** c **2.** a **3.** b **4.** d

Ejercicio 13: **1.** impaciente **2.** irrelevante **3.** desaparecer **4.** incapaz **5.** amoral **6.** ilegal

Ejercicio 14: **1.** verdadero **2.** verdadero **3.** verdadero **4.** falso (Ernesto puede esperar a que Alberto le devuelva su dinero, pero Julián no.) **5.** falso (Julián conocía cómo actuaba Nicolás Serrano y no estaba de acuerdo.)

Ejercicio 15: **1.** llevan **2.** traiga **3.** traiga **4.** lleva **5.** llevan

Test final

Ejercicio 1: **1.** custodia **2.** secuestro **3.** divorcio **4.** rescate **5.** barriada **6.** pelea **7.** valor **8.** cobarde

Ejercicio 2: **1.** transporte **2.** asesinar **3.** echar **4.** culpa **5.** parada **6.** pantalón

Ejercicio 3: **1.** Este **2.** españoles **3.** plato de carne **4.** política **5.** mejor

Ejercicio 4: **1.** el gofio **2.** el mojo verde **3.** el barraquito **4.** el chiringuito

Ejercicio 5: **1.** conciliar **2.** cubre **3.** hizo, freír **4.** chuparse

Ejercicio 6:

L	E	V	E	R	R	A	K	I
I	N	S	O	L	E	N	T	E
V	C	M	A	C	O	Ñ	E	F
I	L	A	C	O	N	I	C	O
D	E	J	R	B	E	N	I	R
O	N	O	A	A	P	U	R	N
B	Q	D	T	R	A	E	T	I
E	U	R	U	D	A	M	I	D
L	E	I	B	E	R	G	U	O

Ejercicio 7: **1.** préstamo **2.** fábrica **3.** amenazas **4.** semáforo
Lösung: dinero

Ejercicio 8: **1.** el regalo **2.** el ingreso **3.** la pobreza **4.** desaparecer

Ejercicio 9: **1.** No lo denuncia porque su marido desaparece continuamente. **2.** Es el primer sospechoso porque miente con respecto al dinero prestado y uno de los proveedores lo acusa de haberlo amenazado por una deuda sin pagar. **3.** Lo encuentran en su coche, aparcado en un campo alejado de la carretera. **4.** No saldó su deuda porque quería sacar adelante su negocio y para eso necesitaba dinero.

Glosario

ϟ = umgangssprachlich
fig = bildlich
f = feminin
m = maskulin
pl = Plural
irr = unregelmäßiges Verb
Lat = Lateinamerikanisch

ϟ a bocajarro	aus nächster Nähe
ϟ a la porra	zum Teufel
ϟ a su cargo	unter sich
abarcar	überblicken
abatido	niedergeschlagen
abigarrado	bunt gescheckt
absuelto	freigesprochen
acalorarse	sich aufregen
acotar	eingrenzen
ADN *m*	DNA
aduana *f*	Zoll
ahogado	bedrückt
alacena *f*	Vorratsschrank
alborotar	toben
alcoba *f*	Schlafzimmer

altivez *f*	Überheblichkeit
amargado	verbittert
amenaza *f*	Drohung
ϟ andarse *irr* con rodeos	herumdrucksen
antro *m*	berüchtigte Bar
apostar a que	wetten, dass
apuntar	zielen
apuro *m*	Bedrängnis, Schwierigkeit
arcoíris *m*	Regenbogen
arma *f* reglamentaria	Dienstwaffe
arrancar	starten
arrepentirse	bereuen, bedauern
arrojarse sobre	sich stürzen auf
arruinado	ruiniert
asedio *m*	*hier*: Belästigung
asequible	erschwinglich
asignar	zuteilen
asma *f*	Asthma
asombro *m*	Erstaunen
atadura *f*	Fessel
atizar	schlagen
atracar	überfallen
aullar	heulen
aval *m*	Wechselbürgschaft
bache *m*	Tiefpunkt
bala *f*	Kugel
bandurria *f*	Zupfinstrument
barajar	*hier*: erwägen
barriada *f*	Elendsviertel
bastón *m*	Stock
bate *m* de béisbol	Baseballschläger

batear	schlagen (Baseball)
bocina *f*	Hupe
bohío *m Cuba*	Hütte
bonachón	gutmütig
bostezar	gähnen
bullicioso	hektisch, lärmend
bulto *m*	Bündel
burlón	spöttisch
caer *irr* rendido	der Erschöpfung erliegen
caja *f* de cambios	Gangschaltung
caja *f* fuerte	Safe
cambio *m* de rumbo	Kurswechsel
camiseta *f* de tirantes	Muskelshirt
ϟ canela *f* fina	vom Feinsten
cano	grau
capota *f*	Autoverdeck
captura *f*	Ergreifung
cateto	tölpelhaft, ungehobelt
ceiba *f*	Kapokbaum
ceñido	hauteng
ceño *m* fruncido	gerunzelte Stirn
ϟ cerrar el grifo	den Geldhahn zudrehen
chantaje *m*	Erpressung
chantajear	erpressen
chasquear	schnalzen
chaval *m*	Junge, Bursche
chóped *m*	Bierschinken
claxon *m*	Hupe
coartada *f*	Alibi
cobertizo *m*	Schuppen
coleta *f*	Zopf, Pferdeschwanz

como alma que lleva el diablo *fig*	als ob der Teufel hinter jmd. her wäre
compasión *f*	Mitleid
⚡ compay *m Cuba*	Freund, Kumpel
con incredulidad	ungläubig
con sigilo	leise
concienzudamente	gründlich
conciliar el sueño	einschlafen
concluir *irr*	schließen, beenden
concluyente	endgültig
concordar *irr*	übereinstimmen
concurrido	voll, belebt
congregarse	sich versammeln
conmocionado	erschüttert
consolidar	bestärken
consumición *f*	*hier*: Getränk
contiguo	angrenzend
contundente	stumpf
⚡ cornudo *m*	Gehörnter
corroborar	bestätigen
cotejar	abgleichen
cría *f*	Kind
crispado	verkrampft
cuán	wie
cubrir *irr* las espaldas	jmd. decken, schützen
cuenco *m*	Schüssel
cuero *m*	Leder
culata *f*	Gewehrkolben
cumbre *f*	Gipfel
custodia *f*	*hier*: Sorgerecht
custodiar	beaufsichtigen

ϟ dar *irr* candela	Gas geben
dar *irr* el alto	zum Anhalten auffordern
ϟ dar *irr* fruto	fruchten, Erfolg bringen
dar *irr* un respingo	zusammenzucken
darse *irr* a la fuga	die Flucht ergreifen
de antemano	im Voraus
de higos a brevas *fig*	alle Jubeljahre einmal
ϟ de lo lindo	viel, sehr, ordentlich
de mala gana	ungern, widerwillig
de oídas	vom Hörensagen
de paisano	in Zivilkleidung
ϟ de rechupete	lecker, zum Anbeißen
demorarse	sich verzögern
demudado	schockiert
desahogarse con alguien	sich jmd. anvertrauen
desalentado	entmutigt
desalojar	räumen
descarado	dreist, unverfroren
descartar	ausschließen
descompuesto	verzerrt
desconsolado	untröstlich
desencanto *m*	Ernüchterung
desenmascarar	durchschauen
deslumbrar	blenden
desmejorado	kränklich
desorbitado	übertrieben
despegar	*hier*: abheben
desperdiciar	verschwenden
desplante *m*	Dreistigkeit
desplomado	*hier*: leblos
ϟ desplumar	*hier*: ausplündern; rupfen

desprender	verströmen
desvanecerse *irr*	verschwinden
ϟ ¡Dichosos los ojos!	Dass man dich mal wieder sieht!
difamar	in Verruf bringen
disparo *m*	Schuss
distorsionar	verzerren
distribuidor *m*	Lieferant
DNI *m* (Documento Nacional de Identidad)	Personalausweis
doblar	abbiegen
doble fila *f*	zweite Reihe
dueño *m*	Geschäftsführer, Besitzer
dulce *m* de leche *Lat*	Milchkaramellaufstrich
echar un cable *fig*	aus der Klemme helfen
embarcar	*hier*: ins Flugzeug steigen
embargar	wegnehmen
embarque *m*	An-Bord-Gehen
empalagoso	schmalzig
empecinarse en	stur auf etw. bestehen
empeñado	verschuldet
ϟ en el acto	sofort
en metálico	cash, bar
enclenque	schwächlich
encubierto	verdeckt
enfocar	fokussieren
engominado	mit Haarfestiger gestylt
enlazar	verbinden
ensañarse	seine Wut auslassen
ensordecedor	ohrenbetäubend
entramado *m*	Verflechtung
entrecano	grau meliert

entrecortado	stockend
envidiar	beneiden
envoltorio *m*	Verpackung
equipación *f*	Mannschaftsbekleidung
escarmentar	aus (negativer) Erfahrung lernen
escaso	knapp
espetar	*hier*: anfahren (verbal); nachhaken, bohren
esposar	Handschellen anlegen
esquivar	ausweichen
establecer *irr*	festlegen
estafa *f*	Betrug
estancado	stagnierend
⚡ estar *irr* al corriente	im Bilde sein
⚡ estar *irr* de parranda	auf Kneipentour sein
estar *irr* fichado	vorbestraft sein
estar *irr* hecho polvo *fig*	total fertig sein
⚡ estar *irr* para chuparse los dedos	sehr lecker sein
estremecer *irr*	erschüttern
estupor *m*	Verblüffung
exasperado	wütend, aufgebracht
expediente *m*	Akte
expulsado	ausgeschlossen
fachada *f*	Fassade
fastidiar	stören
forense *m/f*	Gerichtsmediziner(in)
fraude *m*	Betrug
freno *m*	Bremse
⚡ fula *f*	US-Dollar
⚡ fundirse a negro	schwarz werden

fustigar	peitschen
garbanzo *m*	Kichererbse
genio *m* tutelar	Schutzgeist
ϟ gringo *m* *Lat*	Nordamerikaner
guagua *f* *Cuba*	Bus
guardabarros *m*	Kotflügel
habitáculo *m*	Innenraum
ϟ hacer *irr* la cruz	mit jmd. brechen
hacer *irr* las paces	Frieden schließen
¡Hay que fastidiarse!	Das ist ja nicht zu fassen!
herencia *f*	Erbschaft
huella *f*	(Finger-)Abdruck
huellas *f pl* dactilares	Fingerabdrücke
humeante	dampfend
impacto *m*	Einschlag
impartir	erteilen
impedir *irr*	verhindern
implicado	verwickelt
imponer *irr*	erheben, auferlegen
incredulidad *f*	Unglaube
incriminar	anschuldigen
indagación *f*	Nachforschung
ingresos *m pl*	Einkünfte
insolación *f*	Hitzschlag
insolencia *f*	Unverschämtheit
insulto *m*	Beschimpfung
intereses *m pl*	Zinsen
intrigado	neugierig
intuir *irr*	ahnen
ϟ ir *irr* al grano	zur Sache kommen
irse *irr* la mano	*hier*: schlagen

juez *m* de instrucción	Untersuchungsrichter
ladrido *m*	Bellen
latir	schlagen (Herz)
levantar el cadáver	den Leichnam obduzieren
⚡ llevarse un buen pico	eine ganze Menge verdienen
lienzo *m*	Gemälde
⚡ lío *m* de faldas	Affäre
litoral *m*	Küste
lívido	blass
⚡ llegar a las manos	handgreiflich werden
loncha *f*	Scheibe
majo	nett, gut aussehend
⚡ mala pécora *f*	Schlampe
⚡ mamarracho *m*	Idiot, Flasche
mampara *f*	Glastür
⚡ mandar a freír espárragos	zum Teufel jagen
mano *f* de pintura	Farbanstrich
mansión *f*	Villa
manzana *f*	*hier*: (Häuser-)Block
Marte *m*	Mars
masticar *fig*	kauen
médico/a *m/f* forense	Gerichtsmediziner(in)
mencionar	erwähnen
merienda *f*	Pausenbrot
mestizo	mischrassig
mirador *m*	Aussichtspunkt
montura *f*	Fassung, Gestell
movida *f*	*hier*: Szene
mueca *f*	*hier*: Grinsen
multa *f* de tráfico	Bußgeld

mural *m*	Wandbild
musitar	flüstern, murmeln
ϟ ni caso	keine Reaktion
ϟ no dejar cabos sueltos	keinen Punkt außer Acht lassen
ϟ no estar *irr* en buenos términos	sich nicht gut verstehen
no tragar a alguien	jmd. nicht ertragen
ϟ no van por ahí los tiros	die Sache verhält sich anders
nómina *f*	Gehalt
obcecarse	verblendet sein
ojeras *f pl*	Augenringe
oleaje *m*	Wellengang
olisquear	schnüffeln
orden *f* judicial	Gerichtsbeschluss
orondo	dickbäuchig
oyente *m/f*	Zuhörer(in)
paja *f*	Stroh
ϟ ¡Pal carajo!	Verdammt nochmal!
palanca *f*	Schaltknüppel
palmear	klopfen, tätscheln
parabrisas *m*	Windschutzscheibe
ϟ parar el carro	halblang machen
partir	brechen
pasarlas canutas	allerhand durchmachen
pastor *m* alemán	Schäferhund
pauta *f*	Grundsatz
pedir *irr* peras al olmo *fig*	etw. Unmögliches verlangen
pedregoso	steinig
perilla *f*	Kinnbart
pertenencias *f pl*	Habseligkeiten
pertinente	sachbezogen

pesado	*hier*: lästig
pésame *m*	Beileid
picado	eingeschnappt
pista *f*	*hier*: Spur
ϟ plasta *m/f*	Nervensäge
plazo *m*	Frist
PNR *f* (Policía Nacional Revolucionaria)	Polizei Kubas
poblado	*hier*: dicht
policía *f* fronteriza	Grenzpolizei
ϟ poner *irr* tierra de por medio	das Weite suchen
predilecto	Lieblings-
presionar	Druck machen
prestamista *m/f*	Geldverleiher
presumir de	mit etw. werben, angeben
prorrumpir	herausplatzen
prostíbulo *m*	Bordell
proveedor *m*	Lieferant
prueba *f* dactilar	Fingerabdruck
puro *m*	Zigarre
quiebra *f*	Bankrott
radiante	strahlend
raído	abgeschabt
rascarse	sich kratzen
rastrear	durchsuchen
recaer *irr*	fallen
reconcomer	wurmen, ärgern
redada *f*	Razzia
reflotar	*hier*: wieder auf die Beine stellen
reír *irr* a carcajadas *fig*	in Gelächter ausbrechen

rencilla *f*	Streit
rencor *m*	Groll
reñir *irr*	streiten
repleto	voll
reprensivo	tadelnd
reproche *m*	Vorwurf
retador	herausfordernd
retraído	schüchtern
retrato *m* robot	Phantombild
retroceder	zurückführen
retumbar	dröhnen
risueño	heiter, vergnügt
ronco	heiser, rau
rondar	kreisen, schwirren
rostro *m*	Gesicht
saldar	begleichen
⚡ seguir *irr* en sus trece	auf seinem Standpunkt beharren
sentar la cabeza *fig*	zur Vernunft kommen
serenata *f*	Serenade, Nachtmusik
sien *f*	Schläfe
sin dilación	unverzüglich
soberbio	eitel, hochmütig
solar *m*	Baugelände
sollozar	schluchzen
solomillo *m*	Steak
sonrisa *f* de oreja a oreja	Lachen wie ein Honigkuchenpferd
sospechoso *m*	Verdächtiger
sostener(se) *irr*	halten
sugerir *irr*	andeuten, vorschlagen
suministrar	liefern
suplir	vertreten

susto *m*	Schreck
susurro *m*	Flüstern
taladrante	durchdringend
taponar	verstopfen
telaraña *f*	Spinnwebe
temblor *m*	Zittern
tendido	liegend
tener *irr* al corriente	auf dem Laufenden halten
ϟ tener *irr* ganas a alguien	jmd. eine drauf geben wollen
terminar como el rosario de la aurora *fig*	ein böses Ende nehmen
tinerfeño	aus Teneriffa
tirón *m*	Zerren
ϟ tomar el pelo	sich über jmd. lustig machen
toparse con alguien	jmd. treffen
torvo	furchteinflößend
trago *m* amargo	bittere Pille
traicionar	*hier*: missbrauchen
trampa *f*	Falle
transitar	befahren
trapo *m*	Lumpen
treta *f*	Trick
tubo *m* de escape	Auspuffrohr
tumbona *f*	Liegestuhl
turno *m*	Schicht
usurero *m*	Halsabschneider
vacilar	zögern
vanguardista *m/f*	Avantgardist(in)
verja *f*	Zaun
vigésimo	zwanzigste/-r/-s
vínculo *m*	Zusammenhang

volante *m*	*hier*: Steuer
volver *irr* las aguas a su cauce *fig*	eine Sache ins Lot bringen
ϟ zorra *f*	Schlampe

Tabla de ejercicios

Lernkrimi Lektüren Spanisch

A1

¡Adiós, enemigo!
Kurzkrimis
ISBN 978-3-8174-9435-4

Crimen en Sierra Nevada
Kurzkrimis
ISBN 978-3-8174-9985-4

Una siesta fatal
Kurzkrimis
ISBN 978-3-8174-9659-4

A2

El misterio del Camino de Santiago
Kurzkrimis
ISBN 978-3-8174-7840-8

Negocio mortal
Kurzkrimis
ISBN 978-3-8174-9216-9

Réquiem por un torero
Kurzkrimis
ISBN 978-3-8174-7736-4

Querida muerte
Classic
ISBN 978-3-8174-9795-9

B1

El guitarrista del diablo
Kurzkrimis
ISBN 978-3-8174-7947-4

Hasta nunca, corazón
Kurzkrimis
ISBN 978-3-8174-8546-8

Escándalo en el Prado
Classic
ISBN 978-3-8174-7817-0

La víctima de la feria
Classic
ISBN 978-3-8174-9793-5

Comisario García investiga
Sammelband 3 in 1
ISBN 978-3-8174-7842-2

Enterrado vivo
Lernthriller
ISBN 978-3-8174-9318-0

Marionetas de la muerte
Lernthriller
ISBN 978-3-8174-8859-9

B2

El monje misterioso
Classic
ISBN 978-3-8174-7615-2

El Rioja negro
Classic
ISBN 978-3-8174-7684-8

Morir de miedo
Classic
ISBN 978-3-8174-9489-7

Secuestro en La Habana
Kurzkrimis
ISBN 978-3-8174-1647-9

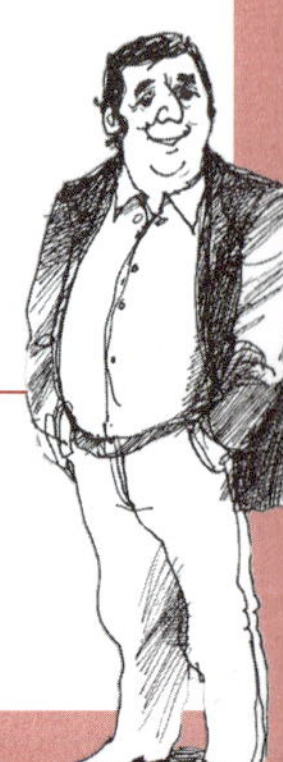

C1

El último fandango
Classic
ISBN 978-3-8174-8380-8